Gustave Aimard

Curumilla

Gustave Aimard

Curumilla

ISBN/EAN: 9783744643917

Hergestellt in Europa, USA, Kanada, Australien, Japan

Cover: Foto ©ninafisch / pixelio.de

Weitere Bücher finden Sie auf **www.hansebooks.com**

Curumilla.

Von

Gustav Aimard.

Deutsch

von

W. E. Drugulin.

Erster Band.

Leipzig, 1861.
Verlag von Christian Ernst Kollmann.

I.

Die Zusammenkunft.

Die Jesuiten hatten in Mexiko Missionsdörfer gegründet, um welche es ihnen, mit jener Barmherzigkeit und Standhaftigkeit, welche sie bisher stets ausgezeichnet hat, gelungen war, eine große Anzahl Indianer zu versammeln, denen sie die hauptsächlichsten und edelsten Lehren unserer Religion beibrachten, die sie tauften, unterrichteten und sie anleiteten den Boden zu bebauen.

Jene Missionsdörfer, die Anfangs unbedeutend waren und in weiten Entfernungen von einander lagen, hatten sich allmählich ausgebreitet. Die Indianer fühlten sich durch die Sanftmuth und Leutseligkeit der guten Väter angezogen und schaarten sich unter den Schutz derselben und ohne Zweifel hätten es die Jesuiten dahin gebracht, daß die Mehrzahl der wildesten und grausamsten Indios bravos sich zu ihnen gesellt und sich den Ansprüchen der Civilisation gefügt und ihr Nomadenleben aufgegeben hätten, wenn nicht die frommen Väter als Opfer der Eifersucht der spanischen Vicekönige, welche sie nicht nur schändlich ausplünderten sondern auch aus Mexiko verbannten, hätten fallen müssen.

Wir führen den Leser, einen Monat nach den Ereignissen die wir in einem früheren Werke berichtet haben, in eines jener Missionsdörfer.

Die Mission de Nuestra Senora de los Angeles war auf dem rechten Ufer des Rio San Pedro, ungefähr sechzig Meilen von Pitic errichtet worden.

Die Umgebung dieses Dorfes ist von unaussprechlicher Großartigkeit und Eigenthümlichkeit. Die Gegend welche sich dem Blicke eröffnet ist von einer so wilden, rauhen und imposanten Erhabenheit, daß sie das Herz des Beschauers zugleich mit Schrecken und sanfter Schwermuth erfüllt. Steile, himmelhohe, düstere Felsen neigen sich, gleich riesenhaften Mauerwerken, deren ungeheure, von tiefen Spalten und gähnenden Abgründen zerrissene Zinnen, auf eine gewaltsame Erderschütterung hinzudeuten scheinen, über das Wasser des Flusses. Inmitten jenes Felsenchaos voll Abgründen und schwindelnden Höhen liegt, am Fuße einer senkrechten, achtzig Klafter hohen Felsenwand, über welche der Fluß wild schäumend mit weithin tönendem Getöse in Gestalt eines breiten Wasserfalles herunterstürzt, in einem reizenden mit frischem Grün bewachsenem Thale, verborgen und schüchtern das Missionsdorf, welches von drei Seiten durch hohe Berge eingeschlossen wird, deren nebelhafte Höhen bis in die Wolken ragen.

Leider ist jener liebliche Ort, in dessen grüner Abgeschiedenheit ein Abglanz des verlornen Eden zu leuchten schien, mit seinem heiteren Leben und stillen Frieden; der Ort von wo aus früh und Abends die

Töne der frommen Hymnen zugleich mit dem Brausen des Wasserfalles zum Allmächtigen emporstiegen, gegenwärtig ausgestorben und verödet. Die Hütten sind verfallen und verlassen, die Kirche fällt in Trümmer und auf dem Chore wächst das Gras. Die Mitglieder jener friedlichen, einfachen Gemeinde, sind vor den Verfolgern, erschrocken in die Wildniß geflüchtet und zu jenem wilden Leben zurück gekehrt aus welchem sie mit großer Mühe gerissen worden waren. Die Raubthiere hausen gegenwärtig im Tempel Gottes, und in den verödeten Häusern und dem verfallenen Gemäuer wird nur die Stimme der Einöde laut, und das Unkraut und die Schlinggewächse werden bald auch diese letzten Ueberreste vernichtet und mit einem grünen Leichentuche bedeckt haben.

Eines Abends, wo der Strom dumpf unter den Platanen rauschte, und am wolkenlosen Himmel Tausende von Sternen, die eben so viele Welten sind, glänzten, und der Mond sein mattes, geheimnißvolles Licht verbreitete, während ein kühler Wind die von tausend Wohlgerüchen angefüllte Luft erfrischte, saßen bei einbrechender Nacht drei Reisende an einem großen Feuer, das unter den Trümmern brannte und dessen wohlthätige Wärme sie angenehm zu empfinden schienen.

Jene Reisende, auf deren charakteristische Züge das Feuer seinen unsicheren Schein warf, würden dem Pinsel eines Malers, wie sie in ihrer seltsamen malerischen Tracht an ihrem Feuer in der Mitte jener großartigen und wilden Natur lagerten, einen würdigen Gegenstand zu einem schönen Gemälde geboten haben.

Im Hintergrunde waren vier Pferde ausgepflöckt und verzehrten eifrig ihre Mahlzeit, indessen ihre Herren ihr einfaches Abendessen, das aus einem Stücke Wildprett, etlichen Tafeln Tasajo und Maistortillas und statt des Getränkes aus einer Mischung von Wasser und Refino bestand, einnahmen.

Die drei Männer waren: der Graf Louis, Valentin und Don Cornelio.

Obgleich sie mit der Eßlust und dem Eifer von echten Jägern aßen, konnte man doch unschwer bemerken, daß sie sämmtlich sehr ernst und nachdenklich gestimmt waren. Ihre Augen irrten rastlos umher und suchten die Dunkelheit zu durchdringen. Mitunter hielten sie, im Begriffe die Hand an den Mund zu führen, inne; suchten unwillkürlich mit der Linken nach der Rifle, die neben ihnen am Boden lag und lauschten mit vorgestrecktem Kopfe aufmerksam auf jene tausend namenlosen Laute der amerikanischen Wildniß, welche sämmtlich eine Ursache haben und für denjenigen der sie zu deuten weiß, untrügerische Winke enthalten.

Die Mahlzeit wurde aber ohne Störung beendet.

Don Cornelio griff nach seiner Jarana, legte dieselbe aber auf einen Wink Louis wieder hin, hüllte sich in sein Zarapé und streckte sich auf dem Boden aus.

Valentin war in tiefe Gedanken versunken, und Louis stand auf, lehnte sich an eine verfallene Mauer

Es verstrich eine ziemlich lange Zeit, ohne daß ein Wort gesprochen wurde.

Endlich kehrte Louis zu dem Jäger zurück, setzte sich neben ihn und sagte:

„Es ist seltsam!"

„Was?" antwortete Valentin zerstreut.

„Ich meine die lange Abwesenheit Curumilla's! Er hat uns bereits seit drei Stunden verlassen, ohne uns einen Grund anzugeben und ist noch nicht zurück gekehrt."

„Mißtraust Du ihm etwa?" fragte der Jäger mit einiger Bitterkeit.

„Bruder," versetzte Louis. „Du bist ungerecht; nicht Mißtrauen hege ich, sondern Besorgniß. Ich empfinde, gleich Dir, eine zu warme und aufrichtige Freundschaft für den Häuptling um nicht irgend ein Unglück zu befürchten."

„Curumilla ist vorsichtig und mit den Schlichen der Indianer so vertraut wie Keiner, er hat auf jeden Fall wichtige Gründe weshalb er nicht wiederkommt, das kannst Du sicher glauben."

„Ich bin davon überzeugt. Aber der Aufenthalt, den uns sein Ausbleiben verursacht, kann uns Nachtheil bringen."

„Wer weiß Bruder? Vielleicht hängt gerade unser Heil von dieser Abwesenheit ab. Glaube mir, Louis, ich kenne Curumilla weit besser wie Du, habe zu lange mit ihm gelebt, um nicht das unbegrenzteste Vertrauen zu ihm zu haben. Auch erwarte ich, wie Du siehst, geduldig seine Rückkehr."

„Wenn er aber in einen Hinterhalt gefallen oder gar getödtet wäre?"

Valentin blickte seinen Milchbruder bedeutsam an, zuckte dann die Achseln und antwortete im Tone der größten Verachtung:

„Er, in einen Hinterhalt fallen! Curumilla todt! Du scherzest Bruder. Du weißt ja, daß es unmöglich ist."

Louis wußte auf diese Versicherung, voll Zuversicht und unerschütterlichen Vertrauens, nichts zu erwiedern.

„Jedenfalls," fuhr er nach einer Weile for „läßt er sehr auf sich warten."

„Warum das? Bedürfen wir seiner in diesem Augenblicke? Du denkst doch nicht daran das Lager zu verlassen, nicht wahr? Nun was liegt daran, ob er eine Stunde früher oder später kommt?"

Louis legte seinen Unmuth an den Tag, hüllte sich in sein Zarapé und streckte sich neben Don Cornelio hin, indem er in mürrischem Tone sagte:

„Gute Nacht."

„Gute Nacht Bruder," antwortete Valentin lächelnd.

Zehn Minuten später schlief Louis, trotz seiner Verstimmung, von Müdigkeit überwältigt, so fest als sollte er nimmer erwachen.

Valentin ließ noch eine Viertelstunde vergehen, ehe er eine Bewegung machte. Dann stand er leise auf, schlich zu seinem Milchbruder hin, neigte sich über ihn und betrachtete ihn aufmerksam einige Minuten lang.

„Endlich!" murmelte er indem er sich aufrichtete.

„schon fing ich an zu fürchten daß er darauf bestehen würde zu wachen und mir Gesellschaft zu leisten."

Der Jäger steckte seine Pistolen, die er auf die Erde gelegt hatte in den Gürtel, warf seine Rifle über die Schulter, und nachdem er behutsam über die Steine und Trümmer aller Art, die den Boden bedeckten, gestiegen war, entfernte er sich rasch doch geräuschlos und war bald in der Dunkelheit verschwunden.

Er schritt ungefähr zehn Minuten auf diese Weise weiter, bis er ein Dickicht von peruanischen Palmen und Mezquitos erreicht hatte. Dort angekommen verbarg er sich hinter einem Busche, und nachdem er mit scharfem Blicke die Umgegend durchspäht hatte, pfiff er zu drei verschiedenen Malen leise.

Nach Verlauf von zwei bis drei Minuten, ertönte der Schrei des Wassergeiers aus der Mitte der Platanen, welche die Ufer des Flusses einfaßten, die kaum wenige Schritte von der Stelle entfernt waren; wo sich der Jäger befand.

„Gut!" murmelte dieser, „unser Freund ist pünktlich; aber die Weisheit der Völker sagt irgendwo, daß die Vorsicht die Mutter der Sicherheit sei, wir wollen daher behutsam sein, daß kann, solchen Schlingeln gegenüber, niemals schaden. Bei diesen Worten lud der würdige Jäger seine Rifle.

Nachdem er diese Vorsichtsmaßregel getroffen, verließ er das Dickicht in welchem er sich versteckt gehalten hatte, und trat, dem Anscheine nach mit Entschlossenheit, hervor, versäumte aber keine Vorsicht, die ihn vor einem Hinterhalte bewahren konnte, indem er sich der Stelle näherte, von wo aus man seinen Ruf beantwortet hatte.

Als er ohngefähr die Mitte der Entfernung zurückgelegt hatte, kamen ihm vier bis fünf Männer entgegen.

„Oho!" sagte der Jäger, „Achtung! Die Leute scheinen große Eile zu haben mit mir zu reden."

Er blieb stehen, legte seine Rifle an, zielte auf denjenigen der ihm zunächst stand und sagte:

„Halt! Oder ich schieße."

„Capa de Dios! Ihr seid ungestüm Caballero," antwortete eine höhnische Stimme; „Ihr seid sehr unnahbar. Entladet aber Euer Gewehr, denn wir sind, wie Ihr seht, ohne Waffen."

„Scheinbar wohl; wer steht mir aber dafür, daß Ihr deren keine verborgenen bei Euch führt?"

„Meine Ehre, mein Herr!" versetzte Jener hochmüthig. „Zweifelt Ihr etwa daran?"

Der Jäger schlug ein Hohngelächter auf.

„Des Nachts zweifle ich an Allem, besonders wenn ich mich allein in der Wildniß sehe und vier Männer vor mir stehen die, wie ich allen Grund habe zu glauben, nicht zu meinen besten Freunden gehören."

„Nun, nun mein Herr, Sie können immer ein wenig liebenswürdiger sein, wenn es beliebt."

„Ich bin es zufrieden; bringe Euch aber in Erinnerung, daß Ihr diese Zusammenkunft gewünscht habt, daher meine Bedingungen annehmen müßt, nicht ich die Eurigen."

„Wie es beliebt, Don Valentin; es geschehe nach Eurem Wunsche. Ich muß indessen sagen, daß ich Euch das erste Mal, wo wir mit einander zu thun hatten, zugänglicher gefunden habe."

„Ich leugne es nicht; kommt allein, so bin ich bereit mit Euch zu reden."

Der Fremde befahl seinen Begleitern durch einen Wink, da stehen zu bleiben, wo sie waren und kam allein näher.

„Das lasse ich mir gefallen!" sagte der Jäger, indem er seine Rifle entlud, worauf er den Kolben derselben auf die Erde stützte und sich mit über einander gekreuzten Händen darauf lehnte.

Der Mann, welchem Valentin so wenig Vertrauen, oder richtiger gesagt so großes Mißtrauen zeigte, war kein anderer, als der General Don Sebastian Guerrero.

„So, jetzt werdet Ihr wohl zufrieden sein, denn ich glaube, Euch einen großen Beweis von Nachgiebigkeit gegeben zu haben," sagte der General näher tretend.

„Ihr habt höchst wahrscheinlich Eure guten Gründe dazu," antwortete der Jäger in spöttischem Tone.

„Mein Herr!" rief der General empört aus.

„Reden wir offen und unumwunden mit einander, wie es Leuten ziemt, die sich nach ihrem wahren Werthe zu schätzen wissen," antwortete Valentin trocken. „Da ich weder ein Dummkopf noch eingebildeter Narr bin, so kann nur, ich wiederhole es, durch Offenheit und zwar gegenseitige Offenheit, eine Verständigung herbeigeführt werden, wenn es überhaupt, was ich bezweifle, zwischen uns möglich ist."

„Was muthmaßen sie denn, mein Herr?"

„Ich muthmaße nichts, General, sondern behaupte ganz einfach was ich weiß. Es ist doch gewiß nicht wahrscheinlich, daß ein hochangestellter Mann wie Ihr, General, der Gouverneur von Sonora ist und was weiß ich sonst noch sich herablassen wird, einen armen Teufel von einem Jäger, wie ich, um eine nächtliche Zusammenkunft in Mitten der Wildniß zu bitten, wenn er sich nicht große Vortheile davon verspricht. Nur ein Dummkopf oder ein Narr würde das nicht auf den ersten Blick merken, und ich bin, Gott sei Dank, keins von Beiden."

Gesetzt der Fall dem wäre so wie Ihr sagt.

„Gut, ich bin es zufrieden. Kommen wir also zur Sache."

„Hm! Das scheint mir mit Euch keineswegs leicht zu sein."

„Warum denn! Die ersten Beziehungen die wir mit einander hatten, und deren Ihr eben gedachtet, müssen Euch doch bewiesen haben, daß ich in Geschäften ziemlich umgänglich bin."

„Ganz recht; der Vorschlag aber den ich zu machen habe ist etwas kitzlicher Natur und ich fürchte..."

„Was denn? Daß ich mich weigere? Ja, Ihr werdet wohl begreifen, daß Ihr Euch der Gefahr aussetzen müßt."

„Nein, ich fürchte vielmehr, daß Ihr den eigentlichen Sinn meines Vorschlages nicht richtig auffaßt, und Euch daher erzürnt.

„Meint Ihr? Das ist übrigens möglich. Soll ich Euch die Mühe ersparen Euch zu erklären?"

„Wie so?"

„Hört mich an."

Die beiden Männer standen sich Aug' im Auge dicht gegenüber, und Valentin, der stets auf seiner Hut war beobachtete verstohlen die drei bis vier Männer die zurück geblieben waren.

„Redet" sagte der General.

„Ihr wollt mir ganz einfach vorschlagen, General, Euch meinen Freund zu verkaufen."

Bei diesen, in scharfem Tone gesprochenen Worten konnte sich Don Sebastian nicht enthalten, seine Verwunderung an den Tag zu legen indem er unwillkürlich einen Schritt zurücktrat.

„Mein Herr!"

„Ist es wahr? Ja oder nein?"

„Ihr gebraucht Ausdrücke..." stotterte der General.

„Die Ausdrücke thun nichts zur Sache. Jetzt, wo Ihr zu der Ueberzeugung gekommen seid, daß der Graf Louis nicht ein Bundesgenosse ist, wie Ihr ihn erwartetet mit dessen Hülfe Ihr den Stuhl des Präsidenten einzunehmen hofftet, es auch aufgegeben habt ihn zu bekehren, wollt Ihr ihn gern los sein, das ist in der Ordnung."

„Mein Herr!"

„Laßt mich ausreden. Zu dem Zwecke ist Euch nichts Besseres eingefallen, als ihn zu kaufen. Ihr seid übrigens mit solchen Angelegenheiten vertraut. Es befinden sich in meinen Händen die Beweise etlicher ähnlicher Verträge die Euch alle Ehre machen."

Der General war vor Schrecken und Wuth todtenblaß geworden; er ballte die Fäuste, stampfte mit dem Fuße und murmelte einige abgerissene Worte.

Der Jäger schien seine Heftigkeit nicht zu bemerken sondern fuhr gelassen, folgendermaßen fort:

"Ihr habt Euch freilich darin geirrt, daß Ihr Euch zu dem Zwecke an mich wendet; ich bin kein Mensch wie jener Hundekopf, mit welchem Ihr zu seiner Zeit einen vortrefflichen Handel abgeschlossen habt. Ich habe allerdings mit Vieh gehandelt, aber nie mit Menschenfleische, ein Jeder besitzt seine eigenen Talente und in diesem Punkte mache ich Euch die Eurigen nicht streitig."

"Aber, mein Herr," rief der General höchst entrüstet aus "was wollen Sie damit sagen. Haben Sie meiner Aufforderung nur deshalb Folge geleistet, um mich zu beleidigen?"

Valentin zuckte die Achseln.

"Ihr seid weit entfernt das zu denken" sagte er, "denn es wäre gar zu albern; nein ich will Euch ein Geschäft vorschlagen."

"Ein Geschäft?"

"Oder einen Handel, wenn Euch das Wort besser zusagt."

"Welchen Handel?"

"Ich werde mich in zwei Worten erklären. Ich habe gewisse Papiere in Händen, welche Euch, wenn sie bekannt würden und gewissen Personen zu Gesicht kämen nicht nur Euer Vermögen sondern auch Eure Stellung kosten würden, ja sogar Euer Leben."

„Papiere?" Stotterte Don Sebastian.

„Ja, General; es ist der Briefwechsel zwischen Euch und einem gewissen nordamerikanischen Diplomaten, in welchem Ihr Euch bereit erklärt, nicht nur Sonora sondern auch zwei andere Staaten abzutreten, wenn die Vereinigten Staaten Euch die Mittel verschaffen zur Präsidentschaft über die Republik Mexiko zu gelangen."

„Jene Papiere sind in Eurem Besitz?" Fragte der General, sichtlich beklommen.

„Ja, ich besitze sowohl Eure Briefe, als die Antworten Eures Correspondenten."

„Haben Sie dieselben bei sich?"

„Gewiß" versetzte Valentin spöttisch.

„In dem Falle mußt Du sterben!" Rief der General aus, indem er sich wie ein Panther über den Jäger herstürzte.

Letzterer war aber auf seiner Hut. Mit einer Bewegung, welche so rasch als die seines Feindes unerwartet war, faßte er ihn bei der Gurgel, warf ihn unter sich zu Boden, setzte ihm den Fuß auf die Brust und sagte kaltblütig zu den Begleitern des Generals, die eifrig zu seinem Beistande herbei eilten:

„Wenn Ihr einen Schritt näher kommt, ist er todt!"

Der General war ohne Zweifel ein tapferer Mann; er hatte häufig unleugbare Beweise eines an Tollkühnheit grenzenden Muthes gegeben: jetzt aber sah er eine solche Entschlossenheit in den düsteren Blicken des Jägers leuchten daß er an allen Gliedern bebte, sich verloren gab, und sich fürchtete.

„Halt! Halt!" rief er seinen Freunden mit erstickter Stimme entgegen.

Letztere gehorchten.

„Ich könnte Euch tödten." sagte Valentin, „denn Ihr seid vollständig in meiner Gewalt; was kümmert mich aber Euer Leben oder Euer Tod, halte ich doch Beides in meiner Hand; steht auf! Achtet wohl auf eine letzte Warnung. Hütet Euch, etwas gegen den Grafen zu unternehmen."

Der General hatte sofort Gebrauch von der Erlaubniß des Jägers gemacht und sich ganz betäubt von seinem Falle erhoben; sobald er sich aber wieder frei bewegen konnte und wieder festen Boden unter den Füßen fühlte, ging eine plötzliche Verwandlung in seinem Inneren vor und sein Muth kehrte zurück.

„Jetzt hört auch mich an," sagte er, „ich werde mich gegen Euch ebenso unumwunden und rücksichtslos aussprechen, wie Ihr es gegen mich gethan. Zwischen uns Beiden besteht fortan eine Todfeindschaft ohne Gnade und Barmherzigkeit. Und sollte es meinen Kopf kosten, so muß der Graf sterben, denn ich hasse ihn und bedarf seines Todes um meine Rache zu befriedigen."

„Gut," antwortete Valentin gelassen.

„Ja" erwiederte der General spöttisch; „geht nur, ich fürchte Euch nicht. Bedient Euch immerhin der Papiere welche Ihr erwähntet, es gilt mir gleich, denn ich bin unantastbar."

„Meint Ihr?" antwortete der Jäger langsam und mit Betonung.

„Ich verachte Euch; Ihr seid nur Abenteurer; und vermögt nichts gegen mich."

Valentin neigte sich zu ihm.

„Gegen Euch," sagte er, „vermögen wir vielleicht nichts; aber gegen Eure Tochter!!!"

Hierauf benutzte der Jäger die Bestürzung des Generals, den diese Worte mit Schrecken erfüllten, und eilte mit einem durchdringenden höhnischen Gelächter in das Dickicht, wo es unmöglich war ihm zu folgen.

„Ach!" murmelte der General nach einer Weile, indem er mit der Hand über seine feuchte Stirne strich, „ach! Der Satan! Meine Tochter hat er gesagt! . . . Meine Tochter!"

Er kehrte zu seinen Begleitern zurück und entfernte sich mit ihnen, ohne eine der an ihn gerichteten Fragen, zu beantworten.

II.

Die Botschaft.

Nachdem Valentin den General so plötzlich verlassen hatte, wie wir es zu Ende des vorhergehenden Kapitels berichtet, schien er keineswegs zu befürchten daß man ihm nachstellen werde, denn er mäßigte bald seinen raschen Gang.

Als er ohngefähr einige hundert Schritte von der Stelle entfernt war, wo seine Unterhaltung mit Don Sebastian stattgefunden hatte, blieb er stehen, schien sich zu orientiren, blickte gen Himmel und ging dann weiter. Anstatt aber die Richtung nach dem Missionsdorfe einzuschlagen, wandte er vielmehr demselben den Rücken, schwenkte im rechten Winkel ab und näherte sich den Ufern des Flusses, die er eben verlassen hatte. Von Zeit zu Zeit hielt er inne, nicht um auf irgend ein unerklärliches Geräusch zu lauschen, sondern vielmehr den Gedanken nachzuhängen die ihn verfolgten und ihn für die Außenwelt gleichgültig machten. Valentin war offenbar bemüht eine Frage zu entscheiden die ihm zu schaffen machte.

Endlich nach Verlauf einer Viertelstunde erblickte er wenige Schritte vor sich einen matten Schein, der zwischen den Bäumen hindurchschimmerte; es schien ein Lagerfeuer zu sein.

Valentin blieb stehen und pfiff leise. Im selben Augenblicke wurden die Zweige eines Busches, der etwa funfzig Schritt von ihm entfernt war, auseinander gebogen und ein Mann trat behutsam heraus.

Es war Curumilla.

„Nun," fragte Valentin, „ist sie gekommen?"

Der Araucan nickte bejahend mit dem Kopfe.

Der Jäger legte seinen Unmuth durch eine Geberde an den Tag.

„Wo ist sie?" sagte er.

Der Indianer deutete mit dem Finger nach dem Feuer, welches der Jäger bereits bemerkt hatte.

„Hole der Teufel die Frauen!" brummte der Jäger; „es sind die unlogischten Geschöpfe die es geben kann. Sie lassen sich nur von ihren Leidenschaften leiten und stoßen dadurch, ohne daran zu denken, die tiefsinnigsten Berechnungen um."

Er fügte laut hinzu:

„Habt Ihr meinen Auftrag nicht ausgerichtet?"

Jetzt entschloß sich der Indianer zu reden.

„Sie will nichts hören," sagte er, „sie will sehen."

„Ich wußte es," rief der Jäger aus; „so sind sie Alle und ihre verkehrten Köpfe taugen zu nichts, als zu Schellen für die Maulthiere! Diese ist übrigens noch eine der Besten! Führt mich zu ihr, ich werde mich bemühen sie zu überzeugen."

Der Indianer lächelte spöttisch, antwortete aber nicht; er wandte sich um, den Jäger an das Feuer zu führen.

Bald befand sich der Jäger am Rande einer geräumigen Lichtung, in deren Mitte Dona Angela und Violanta, ihre Zofe, an einem lustigen Feuer, auf über einander gehäuften Pelzen ruhten.

Zehn Schritt hinter den beiden Frauen, standen mehre, bis an die Zähne bewaffnete Peonen auf ihre Lanzen gelehnt da und harrten der Befehle ihrer Herrin.

Als Dona Angela die nahenden Tritte des Jägers hörte blickte sie auf und stieß einen Freudenschrei aus.

„Da seid Ihr endlich! Schon verzweifelte ich daran Euch zu sehen."

„Vielleicht wäre es auch besser gewesen wenn ich nicht gekommen wäre," antwortete der Jäger mit einem unterdrückten Seufzer.

Das junge Mädchen hörte entweder die Antwort Valentins nicht oder gab sich wenigstens den Anschein als ob sie sie nicht höre.

„Liegt Euer Lager weit von hier," erwiederte sie.

„Wir müssen, ehe wir dorthin gehen," sagte der Jäger; „einige Worte mit einander reden Senora."

„Was habt Ihr mir so Interessantes, oder vielmehr Dringendes mitzutheilen?"

„Ihr sollt es gleich selbst hören."

Das junge Mädchen nahm die ergebene Miene Jemandes an, der sich entschließt etwas anzuhören, was, wie er vorher weiß, unangenehm sein wird.

„Redet," sagte sie.

Der Jäger ließ sich die Aufforderung nicht wiederholen.

„Wo hat Sie Curumilla getroffen?"

„In der Hacienda, im Augenblicke wo ich auf's Pferd stieg um herzukommen. Ich hatte nur auf ihn gewartet um aufzubrechen."

„Hat er versucht Sie davon abzubringen?"

„Allerdings, ich bestand aber darauf zu kommen und habe ihn gezwungen mich herzuführen."

„Daran thaten sie Unrecht, Nina."

„Weshalb?"

„Aus tausend Gründen."

„Das ist keine Antwort. Führt mir einen an."

„Wegen Eures Vaters vor Allem."

„Er ist noch nicht in der Hacienda angekommen. Ehe er eintrifft werde ich wieder da sein; von der Seite habe ich nichts zu fürchten."

„Sie irren; Ihr Vater ist angekommen, ich habe ihn gesehen und mit ihm gesprochen."

„Ihr! Wo? Wann?"

„Hier vor etwa einer halben Stunde."

„Das ist unmöglich," sagte sie.

„Dennoch ist es wahr. Ich kann sogar hinzufügen, daß er mich tödten wollte."

„Er?"

„Ja."

Das junge Mädchen blieb eine Zeit lang nachdenklich; nach einer Weile erhob sie das muthwillige Gesicht, schüttelte wiederholt den Kopf und sagte entschlossen:

„Gleichviel! Ich werde auf jeden Fall unerschütterlich bleiben."

„Was hoffen Sie von der Zusammenkunft, Nina? Wissen Sie nicht, daß Ihr Vater unser erbittertster Feind ist?"

„Diese Warnung kommt jetzt zu spät; Ihr hättet mir sie geben sollen, als ich Euch meinen Vorschlag machte."

„Das ist wahr; damals hegte ich aber noch Hoffnungen, die ich mich jetzt gezwungen sehe aufzugeben. Bestehen Sie nicht darauf Don Louis zu sehen, Nina, glauben Sie mir. Kehren Sie lieber ungesäumt nach der Hacienda zurück. Was soll Ihr Vater denken, wenn er Sie bei seiner Ankunft nicht findet?"

„Ich wiederhole Ihnen, daß ich mit Don Louis eine sehr ernste Unterredung zu haben wünsche. Es ist sowohl um meinet= als um seinetwillen nothwendig."

„Bedenken Sie die Folgen eines solchen Schrittes."

„Ich bedenke nichts. Ich mache Sie darauf aufmerksam daß ich mich allein zum Condé begeben werde, wenn Sie sich länger weigern Ihr Versprechen zu erfüllen."

Der Jäger betrachtete sie eine Zeit lang mit seltsamem Ausdrucke; dann schüttelte er traurig den Kopf, ergriff ihre Hand, drückte sie herzlich und sagte in sanftem Tone: „es geschehe nach Ihrem Willen, Niemand kann seinem Schicksale entgehen; kommen Sie also, weil Sie es wollen; gebe Gott daß Ihr Eigensinn nicht großes Unglück herbeiführe."

„Sie sind ein Unglücksvogel," sagte sie lachend; „auf! auf! Sie werden sehen daß es besser abläuft als Sie meinen."

„Ich bin bereit; bitte aber, sich mir anzuvertrauen und Ihr Gefolge hier zu lassen."

„Ich bin es zufrieden. Ich werde nur Violanta mitnehmen."

„Wie Sie wollen."

Auf einen Wink ihrer Herrin, trat die Zofe zu den unbeweglich dastehenden Peonen und ertheilte ihnen den Befehl, bis zu ihrer Rückkehr die Lichtung unter keiner Bedingung zu verlassen.

Hierauf begaben sich die Frauen unter der Führung Valentin's nach dem Lager der Freibeuter. Curumilla bildete die Nachhut.

Als sie einige hundert Schritt gegangen waren blieb Valentin stehen.

„Was fehlt Ihnen?" fragte Dona Angela.

„Ich trage Bedenken die Ruhe meines Freundes zu stören; er wird mir es vielleicht schlechten Dank wissen, daß ich Sie zu ihm bringe," antwortete Valentin.

„Nein," versetzte sie, „Ihr täuscht mich, das ist jetzt nicht Euer Bedenken."

Er blickte sie verwundert an.

„Mein Gott!" fuhr sie lebhaft fort, „meint Ihr denn, daß ich nicht weiß was Euch beschäftigt? Ihr seid erschrocken darüber, zu sehen, daß ein junges, reiches, vornehmes Mädchen, gleich mir, einen unschicklichen Schritt thut, der sie, sobald er bekannt wird, unrettbar um ihren Ruf bringen muß. Freilich! Wir Mexikanerinnen sind nicht so kalt und steif wie die europäischen Frauen, die alles nach Maaß und Gewicht thun. Wir lieben oder hassen und in unseren Adern strömt kein Blut, sondern die glühende Lava unserer Vulkane. Meine Liebe ist mein Leben! Was kümmert mich das Uebrige. Bleiben Sie ein wenig zurück und lassen Sie mich allein zum Grafen gehen. Ich bin überzeugt, daß er meine That richtig auffassen und nach ihrem wahren Werthe würdigen wird. Er ist kein gewöhnlicher Mensch; deßhalb liebe ich ihn. Eine so innige und heiße Liebe wie die meinige besitzt eine gewisse magnetische Anziehungskraft, welche verhindert daß man sie verschmäht."

Die junge Mexikanerin war wunderbar schön, indem sie also sprach. In ihrer hoch aufgerichteten Gestalt, dem stolz zurückgeworfenen Kopfe, dem blitzenden Auge und den zuckenden Lippen lag zugleich etwas Jungfräuliches und Bachantisches.

Der Jäger fühlte sich von dem Anblicke des jungen Mädchens und ihrer glänzenden Schönheit unwillkürlich ergriffen; er verneigte sich ehrerbietig vor ihr und sagte mit bewegter Stimme:

„So gehen Sie denn und gebe Gott, daß sich mein Bruder durch Sie wieder an das Leben gefesselt fühle!"

Sie lächelte mit einer unbeschreiblichen Mischung von Schlauheit und Zuversicht und hüpfte mit der Leichtigkeit eines Vogels mitten in die Büsche hinein.

Valentin und Curumilla standen nahe genug von dem Lager um zu sehen, was dort vorging, konnten aber die Worte die gewechselt wurden nicht verstehen. Sie beschlossen auf der Stelle, wo sie sich befanden, zu warten und nur dann hervorzutreten wenn ihre Gegenwart unumgänglich nothwendig wäre.

Das Lager befand sich noch in demselben Zustande, wie es der Jäger verlassen hatte um zu dem Generale zu gehen, und Don Louis und Don Cornelio schliefen fest.

Dona Angela verhielt sich eine Zeit lang stumm und heftete einen Blick voll unerschütterlicher Entschlossenheit auf Don Louis; sie neigte sich leise zu ihm, aber in dem Augenblicke, wo sie seine Schulter leise berühren wollte um ihn zu wecken, schreckte sie plötzlich ein Geräusch auf. Sie richtete sich rasch empor, blickte sich erschrocken um und eilte zurück in das Gebüsch.

Kaum hatte sie sich entfernt, als das Geräusch, welches sie an der Ausführung ihres Vorhabens verhinderte, immer näher kam; und bald konnte man deutlich den gemessenen Schritt einer zahlreichen Truppe und das dumpfe Knirschen der Räder mehrerer Wagen vernehmen.

„Ihre Begleiter kommen," sagte Dona Angela schnell zu Valentin, zu welchem sie zurück gekehrt war. „Sie sind nur noch in geringer Entfernung von der Mission. Kann ich noch immer auf Sie rechnen?"

„Stets," antwortete er.

„Ich habe mich anders besonnen: ich will mich nicht so mit dem Grafen verständigen, sondern am hellen Tage und vor aller Augen. Ihr werdet mich bald wieder bei Euch sehen. Lebt wohl, ich kehre nach der Hacienda zurück; bereitet den Grafen auf meinen Besuch vor."

Nachdem das junge Mädchen dem Jäger einen letzten Abschied zugewinkt und ihn angelächelt hatte, stieg sie wieder auf ihr Pferd und sprengte mit ihrer Zofe im Galopp davon.

„Ja, ich werde Louis auf ihren Besuch vorbereiten," murmelte der Jäger, indem er ihr mit den Augen folgte. Dieses Kind besitzt ein edles Herz, und liebt meinen Milchbruder aufrichtig. Wer weiß was die Folge dieser Liebe sein wird?"

Er schüttelte wiederholt den Kopf mit nachdenklicher Miene, worauf er in Begleitung Curumillas, der seinen indianischen Gleichmuth keinen Augenblick verläugnete und sich um alles was um ihn her geschah nicht im geringsten zu kümmern schien, nach dem Lager zurückkehrte.

Valentin weckte Louis.

Letzterer sprang sofort auf.

„Giebt es etwas Neues?" fragte er.

„Ja, die Compagnie kommt an."

„Schon, oho! sie beeilt sich, das ist ein gutes Zeichen."

„Werden wir uns lange hier aufhalten?"

„Nein, höchstens zwei Tage um Menschen und Thiere ausruhen zu lassen."

„Vielleicht wäre es besser gleich weiter zu ziehen."

„Ich wünsche es wie Du, aber es ist unmöglich, weil die vierzigtausend Rationen, die wir hier finden sollten noch nicht angekommen sind und wir sie daher nothwendig erwarten müssen."

„Das ist wahr."

„Diese Verzögerung ist mir um so unangenehmer als unsere Vorräthe rasch abnehmen. Wir dürfen aber den Kameraden unsere Verlegenheit nicht merken lassen, sondern gute Miene zum bösen Spiele machen. Sie wissen daß wir vorangegangen sind, um die nöthige

Fourage zu besorgen, wir wollen sie bei dem Glauben lassen, daß es uns gelungen ist."

Valentin nickte bejahend.

Die Nacht war fast zu Ende; schon zeigten sich am Horizonte breite weißliche Streifen und die Sterne waren allmählich am Himmelsdome erloschen; der Aufgang der Sonne war nahe.

Curumilla warf eine Handvoll dürres Holz in's Feuer, um es zu beleben und der Einwirkung der kalten Nachtluft zu begegnen.

„Caramba!" rief Don Cornelio erwachend aus und sprang auf, „ich bin ganz erstarrt so kalt sind schon die Nächte."

„Nicht wahr?" sagte Valentin; nun, wenn Ihr Euch erwärmen wollt, so ist es leicht genug, begleitet mich nur."

„Sehr gern; wohin geht Ihr?"

„Hört!"

„Ich höre! Horch," fügte er nach einer Weile hinzu, „ist das etwa die Compagnie."

„Sie selbst. Es ist übrigens unnöthig uns zu bemühen, denn hier ist sie schon."

In der That rückte in dem Augenblicke der französische Vortrab in die Mission ein.

Dem mit der Gesellschaft Atrevida abgeschlossenen Vertrage gemäß, sollten sie in der Mission vierzigtausend Rationen für die französische Compagnie vorfinden.

Der Graf hatte dem Obersten Flores den Befehl mit der Weisung übergeben, sich zu beeilen und war in

Begleitung Valentins, Corneltos und Curumillas vorausgegangen. Die Gesellschaft hatte unglücklicher Weise ihre Verbindlichkeiten nicht so pünktlich erfüllt, wie der Graf berechtigt war zu erwarten. Statt der vierzigtausend Rationen hatte er davon nur die Hälfte in einer verfallenen Hütte symmetrisch geordnet vorgefunden.

Diese Wortbrüchigkeit war für die Interessen des Unternehmens des Grafen um so nachtheiliger, als er sich vermöge dieses hinterlistigen Verfahrens fast in der Unmöglichkeit befand, weiter zu gehen, indem er die bewohnten und bebauten Gegenden verlassen und sich in die Wildniß vertiefen mußte.

Die Mexikaner hatten übrigens seit der Abreise der Compagnie von Guaymas so wenig guten Willen und gegen den Grafen bei jeder Gelegenheit so offenbar feindselige Gesinnungen gezeigt, daß derselbe eine übermenschliche Energie und einen unerschütterlichen Muth aufbieten mußte, um vor den Hindernissen die mit unvergleichlicher Arglist seiner vor allen Seiten harrten nicht muthlos zu werden.

Bisher hatten es aber die Mexikaner noch nicht gewagt, ihre Verbindlichkeiten so schamlos zu versäumen. Entweder waren sie ihrer Sache sehr gewiß, oder sie hatten ihre Maßregeln so gut getroffen, daß sie sich des Gelingens so gut wie versichert hielten, weil sie die Maske so plötzlich fallen ließen.

Das schien um so wahrscheinlicher, als der Graf in der Mission Niemand vorgefunden hatte um ihm die Rationen zu übergeben und im Namen der Gesellschaft, die ein so unwürdiges Spiel mit ihm trieb, wegen der fehlenden Lieferungen eine Entschuldigung, wie unhaltbar sie auch sein mochte, wegen des Betruges der sie sich gegen ihm zu Schulden kommen ließen, vorzubringen.

Don Louis schloß daraus daß das Ende der schändlichen Comödie, welche die Mexikaner gespielt hatten, herannahe und bereitete sich vor, dem Sturme wacker entgegen zu treten.

Die Franzosen zeichnen sich durch eine liebenswürdige Eigenschaft aus: sie bewahren nämlich, wohin sie auch verschlagen werden, sobald sich eine gewisse Anzahl zusammen findet, stets jene Heiterkeit und fröhliche Sorglosigkeit, die ihrem Volke eigen ist. Sie sind auch in der schwierigsten Lage stets bereit zu scherzen und schicken sich mit großer Leichtigkeit in die unvorhergesehensten Unannehmlichkeiten. Jene glückliche Stimmung, welche der Graf bisher bemüht gewesen aufrecht zu erhalten, hatte viel dazu beigetragen die Compagnie zusammen zu halten, und das Unternehmen, trotz aller Hindernisse nicht scheitern zu lassen.

Die Mannschaft zeigte nicht nur keine Anwandlung von Muthlosigkeit, sondern war noch ebenso voll Feuer und Hoffnung als am ersten Tage. Die Mission wurde von der Compagnie militärisch besetzt. Man stand an der Grenze der Wildniß, es war daher nothwendig auf seiner Hut zu sein.

An den vier Winkeln des Hauptquartiers wurden die Kanonen aufgepflanzt und Schildwachen in gemessenen

Entfernungen aufgestellt. Die eben noch so verödete und verlassene Mission schien sich plötzlich neu zu beleben. Man schaffte die Trümmerhaufen bei Seite, und die alte verfallene Kirche der Jesuiten wurde in eine Festung verwandelt.

Nachdem der Graf die nöthigen Befehle wegen der Einrichtung der Compagnie ertheilt, und sich überzeugt hatte, daß sie vollzogen wurden, ließ er sich von dem Obersten Flores Bericht erstatten, über seine interimistische Führung des Kommando's.

Der Oberst Flores, der sich allein unter den Franzosen sah, und sich gewissermaßen im Rachen des Wolfes befand, war zu klug, um sich nicht scheinbar mit der größten Gewissenhaftigkeit und Aufrichtigkeit zu benehmen. Er sah recht gut ein, daß er verloren sei, sobald man anfange ihm zu mißtrauen. Er legte daher bei jeder Gelegenheit die beste Gesinnung an den Tag, und benahm sich so vorsichtig, daß er selbst Valentin, den beständigen Zweifler, beinahe getäuscht hätte, obgleich er sehr gut wußte, was man von den Mexikanern im Allgemeinen zu erwarten habe.

Hierauf zog sich der Graf mit dem Jäger zurück, und die beiden Milchbrüder pflogen eine Unterhaltung mit einander, die nach der Dauer derselben und Louis besorgter Miene zu schließen, sehr ernst gewesen sein mußte.

In der That stattete Valentin dem Grafen, seinem Dona Angela gegebenen Versprechen gemäß, Bericht über die Ereignisse der verflossenen Nacht ab. Nicht allein erzählte er ihm, was zwischen ihm und dem jungen Mädchen vorgefallen war, sondern theilte ihm zugleich sein Zusammentreffen mit dem Generale mit.

„Unsere Lage," sagte er endlich; „wird immer peinlicher und sie legen es darauf an sich mit uns zu verfeinden."

„Ja sie wollen den Krieg; sei aber versichert Bruder daß ich ihnen, so lange noch ein Schimmer von Hoffnung vorhanden ist, keinen Vorwand bieten werde mit mir zu brechen."

„Wir müssen behutsamer sein als je, Bruder! Uebrigens müßte ich mich sehr irren, wenn wir nicht in nächster Zeit erfahren sollten, woran wir sind."

„Das ist auch meine Ansicht."

In dem Augenblick kam Don Cornelio in Begleitung Curumilla's herbei.

„Erlaubt," sagte er zu dem Jäger; „ich muß Euch bitten zwischen dem Häuptling und mir eine Verständigung zu vermitteln, denn er behauptet hartnäckig, daß uns ein indianischer Hinterhalt auflauert."

„Was?" versetzte Valentin mit gerunzelter Stirn; „wovon redet Ihr da, Don Cornelio?"

„Hört mich; ich ging mit dem Häuptling in der Nähe des Missionsdorfes spazieren und habe bei der Gelegenheit einen Fund gethan."

„Laßt sehen," sagte Valentin.

Don Cornelio übergab ihm einen Mocksens, welchen der Jäger eine Zeit lang aufmerksam betrachtete.

„Hm!" sagte er; „das sieht bedenklich aus. Wo habt Ihr das gefunden?"

„Am Gestade."

„Was haltet Ihr davon Häuptling?" sagte Valentin zu letzterem gewendet.

„Der Mocksens ist neu, folglich verloren worden. Curumilla hat zahlreiche Spuren bemerkt."

„Hört," sagte Don Louis eifrig, „theilt Niemandem Eure Entdeckung mit; wir müssen Allen mißtrauen, wir sind von Verräthern umgeben, und der Verrath lauert uns von allen Seiten auf. Während ich dafür sorgen will, unter dem Vorwande eines längeren Aufenthaltes unsere Schanzen verstärken zu lassen, wirst Du mit dem Häuptling auf Entdeckung ausgehen, und Dich überzeugen, welcher Art die Gefahr ist, welche uns droht."

„Sei ohne Sorgen, Bruder und halte Dich unterdessen auf Deiner Hut."

III.

Der Spion.

Es mochte ohngefähr acht Uhr des Morgens sein als Valentin und Curumilla sich von Louis verabschiedeten.

Der Jäger hatte die ganze Nacht schlaflos zugebracht; er fühlte sich erschöpft und seine müden Augen über schlossen sich wieder seinem Willen. Trotzdem schickte er sich an, den Auftrag welchen ihm sein Bruder ertheilt hatte, zu vollziehen, Curumilla aber der seine Mattigkeit bemerkte, forderte ihn auf, einige Stunden zu ruhen, indem er ihm vorstellte, daß er für den Augenblick seiner nicht bedürfe, um die Spuren zu verfolgen die er am Morgen entdeckt hatte, und versprach ihm schließlich, ihm ausführlichen Bericht zu erstatten.

Valentin hatte das unumschränkteste Vertrauen zu Curumilla; er hatte sehr häufig im Laufe ihres gemeinschaftlichen Lebens Gelegenheit gefunden, die Klugheit des Häuptlings zu würdigen. Er war daher bald damit zufrieden ihn allein auf Entdeckung ausgehen zu lassen und nachdem er ihm viele Verhaltungsbefehle ertheilt, wickelte er sich in seinen Mantel und schlief fest ein.

Er mochte ohngefähr zwei Stunden lang eines festen und friedlichen Schlummers genossen haben, als er fühlte wie sich eine Hand leise auf seine Schulter legte.

So leise die Berührung auch war, genügte sie doch um den Jäger zu wecken, denn er hatte, gleich allen Menschen, welche an das Leben der Prairien gewöhnt sind, selbst im Schlafe das Bewußtsein der Außenwelt. Er öffnete die Augen und betrachtete aufmerksam denjenigen der seine Ruhe so zur Unzeit störte, während er ihn im Stillen zu allen Teufeln wünschte.

„Nun!" sagte er in dem verstimmten Tone eines Schläfers der aus seinen schönsten Träumen gerissen wird, „was wollt Ihr von mir Don Cornelio? Konntet

Ihr keinen passenderen Moment wählen, um mit mir zu reden? Denn ich vermuthe, daß Ihr mir nicht sehr Wichtiges mitzutheilen habt."

Don Cornelio, denn er war es wirklich, der Valentin geweckt hatte, legte einen Finger an den Mund und blickte sich mißtrauisch um, als wolle er dem Jäger die größte Vorsicht anempfehlen. Er neigte sich zu seinem Ohre und flüsterte ihm zu:

„Verzeiht mir, Don Valentin, ich glaube aber, daß die Mittheilung, welche ich Euch zu machen habe gerade sehr wichtig ist."

Valentin sprang hastig auf blickte dem Spanier ernst in die Augen und fragte:

„Was giebt es?"

„Die Sache ist in zwei Worten folgende. Der Oberst Flores, dessen Physiognomie mir, nebenbei gesagt, keineswegs zusagt, streift seit heute früh in dem Missionsdorfe umher, durchstöbert und durchspäht jeden Winkel, fragt nach allem was man thut und nicht thut, schwatzt bald mit Dem bald mit Jenem und sucht besonders zu erforschen was die Leute von ihrem Anführer halten. Das ist alles nicht besonders verdächtig; sobald er aber gesehen hat, daß Ihr schlieft, und sich überzeugt, daß der Graf, um seine Briefe zu schreiben Befehl gegeben hatte, daß ihn Niemand während einiger Stunden störe, hat er sich gestellt, als ob er sich in die ihm angewiesene halbverfallene Hütte zurückzöge, die an der Grenze des Dorfes liegt. Aber nach wenigen Minuten, als er glaubte, daß man nicht mehr an ihn denke; ist er, statt zu schlafen, wie er vorgegeben hatte aus der Hütte getreten, hat sich hinter den Bäumen fortgeschlichen wie ein Mann, der sich fürchtet entdeckt zu werden und ist dann im Walde verschwunden."

„So so," sagte Valentin mit besorgter Miene, „was hat der Mensch für einen Grund sich heimlich fortzustehlen? Ist er schon lange fort?" Fügte er nach einer Weile hinzu.

„Seit kaum zehn Minuten."

Valentin stand auf.

„Bleibt hier," sagte er; „für den Fall, daß der Oberst während meiner Abwesenheit wiederkommen sollte, beobachtet ihn genau aber ohne es ihm merken zu lassen. Ich bin Euch dankbar, daß Ihr mich geweckt habt, denn die Sache ist allerdings ernst."

Hier brach der Jäger die Unterhaltung plötzlich ab, verließ Don Cornelio und schlich sich unbemerkt um die Ruinen herum gleichfalls in den Wald.

Der Oberst Flores, der Valentin schlafend glaubte und wußte, daß der Graf mit Schreiben beschäftigt war, daher gewiß zu sein glaubte, daß er keine Aufsicht oder Nachstellung zu befürchten habe, schritt rasch in der Richtung nach dem Flusse weiter, ohne sich zu bemühen seine Spuren zu verwischen. Der Jäger benutzte diese Unvorsichtigkeit und hatte bald die Fährte des Mannes, den er beobachten wollte, entdeckt. —

Der Oberst gelangte auf diese Weise an das Ufer des Flusses.

Die tiefste Stille herrschte rings umher.

Die Alligatoren streckten sich am schlammigen Ufer, die rothen Flamingos fischten sorglos, kurz alles verkündete die Abwesenheit des Menschen. Kaum betrat aber der Oberst das Gestade, als sich ein Mensch an den Armen von den Zweigen eines Baumes herunter ließ und zwei Schritt vor ihm auf den Boden fiel.

Bei dieser unvermutheten Erscheinung unterdrückte der Oberst einen Schrei der Verwunderung und trat einen Schritt zurück. Er hatte sich aber von seinem Schrecken noch nicht erholt als bereits ein zweiter auf gleiche Weise erschien und ebenfalls auf den Sand sprang.

Der Oberst Flores erhob unwillkürlich die Blicke zu dem Baume.

"Oho!" sagte der zuerst Gekommene laut lachend. "Du brauchst Dich gar nicht umzusehen, Garrucholo; es ist Niemand weiter da."

Bei Nennung des Namens Garrucholo erbebte der Oberst und betrachtete die beiden Männer die so unvermuthet vor ihm standen mit besonderer Aufmerksamkeit; während dieselben unbeweglich stehen blieben und ihn spöttisch lächelnd ansahen.

Der erste der Ankömmlinge war ein Weißer, was auf den ersten Blick zu sehen war, trotzdem seine sonnverbrannte Haut eine ziegelrothe Farbe hatte. Seine Kleidung glich der des Indianers vollkommen.

Jenes interessante Wesen war gut bewaffnet und hielt eine lange Rifle in der Hand.

Sein Begleiter war eine Rothhaut und kriegsmäßig bewaffnet und bemalt.

„Nun!" fuhr derjenige fort, der zuerst gesprochen hatte; „Du siehst ja wahrhaftig aus, als ob Du mich nicht kenntest mein Junge. By God! Du hast ein schlechtes Gedächtniß."

Die starke Betonung, mit welcher der Sprecher die spanische Sprache, deren er sich bediente aussprach, sowie die fremdartige Redensart war ein Lichtstrahl für den Obersten.

„El Buitre!" rief er aus, sich vor die Stirne schlagend.

„Freilich!" sagte jener lachend, ich wußte ja, daß Du Deinen alten Kameraden nicht vergessen haben konntest."

Diese unerwartete Begegnung war dem Obersten keineswegs angenehm; er hielt es indessen für angemessen sich nichts merken zu lassen.

„Welcher Zufall führt Dich hierher?" fragte er.

„Und Dich?" erwiederte Jener keck.

„Mich! Meine Gegenwart ist natürlich genug und leicht zu erklären."

„Die meinige gleichfalls."

„Ah!"

„Ich bin ja hier weil Du hier bist."

„Hm!" sagte der Oberst etwas zurückhaltend; „erkläre mir das deutlicher."

„Dazu bin ich gern bereit; da aber der Ort hier zu einer Unterhaltung schlecht gewählt ist, so folge mir."

„Erlaube, einen Augenblick! Buitre, lieber Freund, wir sind allerdings wie Du gesagt hast, alte Bekannte."

„Was soll das heißen."

„Das ich das größte Mißtrauen in Dich setze."

Der Räuber lachte.

„Eine solche Gesinnung macht mir Ehre und ich fühle mich derselben vollkommen würdig. Aber zwei Worte werden genügen um Dich aufzuklären. Hast Du in der Kirche des Missionsdorfes einen Dolch gefunden dessen Griff mit einem eingegrabenen S gezeichnet war?"

„Ja."

„Gut; jenes Zeichen bedeutete, daß Du in dieser Richtung lustwandeln solltest, nicht wahr?"

„Allerdings."

„Und daß Du ferner eine oder mehrere Personen treffen würdest, die mit Dir zu reden wünschten?"

„Ja."

„Nun, die Personen, mit welchen Du reden sollst stehen vor Dir. Verstehst Du jetzt?"

„Vollkommen."

„In dem Falle wollen wir mit einander reden. Da aber das was wir zu besprechen haben nur uns allein angeht, es daher überflüssig sein würde, andere Unbetheiligte hinein zu mischen, wollen wir uns an einen Ort begeben, wo wir keine unberufenen Horcher zu fürchten haben."

„Wer zum Teufel soll uns denn hier behorchen?"

„Wahrscheinlich Niemand; aber die Vorsicht, mein

werthgeschätzter Freund, ist die Mutter der Sicherheit. Seitdem wir uns getrennt haben bin ich außerordentlich vorsichtig geworden."

„So gehen wir wohin Du willst."

„Komm."

Die drei Männer kehrten nun in den Wald zurück.

In einiger Entfernung vom Ufer machten sie in einer geräumigen Waldlichtung Halt, in dessen Mitte sich ein ungeheurer, grünlich schimmernder Felsenblock erhob.

Die drei Männer erkletterten denselben, und streckten sich nachlässig auf der oben befindlichen Platform aus.

Valentin folgte ihnen Schritt für Schritt, sie gingen aber nicht weiter.

„So!" sagte El Buitre, „hier glaube ich, können wir reden."

Die von dem Räuber getroffene Wahl, versetzte Valentin anfangs in einige Verlegenheit, doch ließ er sich nicht abschrecken. Der Jäger war daran gewöhnt ähnliche materielle Hindernisse wie das gegenwärtige zu überwinden. Nachdem er sich kurze Zeit bedacht hatte, blickte er sich spöttisch lächelnd um.

„Auf einen Schurken, anderthalben," murmelte er. Hierauf streckte er sich auf den Boden; das Gras wuchs in der Lichtung dicht und saftig und Valentin kroch mit fast unmerklicher Bewegung im Grase fort nach der Richtung des Felsens. Er führte seine Bewegungen so vorsichtig aus, daß sich die Grashalme fast gar nicht rührten. Nachdem er sich ohngefähr eine viertel Stunde lang auf solche Weise fortbewegt, erreichte der Jäger das Ziel, welches er sich gesteckt hatte, indem er eine Stelle erreichte, wo er sich aufrichten konnte, ohne zu befürchten entdeckt zu werden und im sicheren Verstecke alles hören konnte, was auf der Platform gesprochen wurde.

Unglücklicher Weise hatte ihn das Herankommen so lange aufgehalten, daß er einen Theil, vielleicht den wichtigsten, der Unterhaltung versäumt hatte. In dem Augenblicke wo er anfing zu lauschen führte El Buitre das Wort.

„Bah!" sagte er mit der spöttischen Betonung, die ihm eigen war, „ich stehe für den Erfolg. Wie tapfer die Franzosen auch sein mögen, wird doch nicht ein Jeder zwei Mann werth sein, zum Teufel! Laßt mich nur machen."

„Canarios! Ich will gleich am Galgen hängen wenn ich mich in eine solche Angelegenheit mische," antwortete der Oberst, „ich habe bereits nur zu viel gethan."

Du zitterst fortwährend, wie kannst Du glauben daß eine Anzahl Männer, die von einem langen Marsche ermüdet und ohne dem mehr als halb demoralisirt sind einem Angriffe widerstehen werden, welchen der Apachenhäuptling mit seinen Kriegern unter der Mitwirkung der achtzig Taugenichtse, welche die mexikanische Regierung zu meiner Verfügung gestellt hat und der sorgfältig bedacht und erwogen ist?"

„Ich weiß nicht was die Franzosen thun werden; jedenfalls wirst Du Dich aber selbst überzeugen daß es ganze Kerle sind."

„Desto besser! Dann haben wir Aussicht uns zu unterhalten."

„Sieh Dich vor, daß Du Dich nicht zu gut unterhältst," erwiederte El Garrucholo hohnlachend.

„Geh zum Teufel mit Deinen Einwänden! Du weißt ja übrigens daß ich es auf ihren Anführer abgesehen habe."

„Bah! Als ob ein Mann wie Du es auf einen Einzeln abgesehen hätte! Du hast es doch nur auf Gold abgesehen; aber was hast Du für Leute?"

„Civicos, echte Räuber, wahre Galgenschwengel; sie werden Wunder thun, mein Bester."

„Was Civicos! Der Einfall ist unbezahlbar! Werden sie nicht von den Hacienderos gehalten und bezahlt, um gegen die Rothhäute zu kämpfen?"

„Mein Gott ja! Das ist der Lauf der Welt; dieses Mal werden sie mit den Rothhäuten gegen die Weißen kämpfen. Der Einfall ist originell nicht wahr? Und zwar um so mehr, als sie bei gegenwärtiger Gelegenheit als Indianer verkleidet sein werden."

„Immer besser! Wie viel Krieger hat der Häuptling bei sich?"

„Ich weiß es nicht; er wird Dir es selbst sagen."

Der Häuptling war während dieser Unterhaltung düster und stumm geblieben.

Der Oberst wandte sich zu ihm und blickte ihn fragend an.

„Mizcoatzin ist ein mächtiger Häuptling," sagte die Rothhaut im Kehltone, der den Indianern eigen ist.

„Zweihundert Apachen-Krieger folgen seinem Kriegsbüschel."

El Garrucholo verzog bedeutsam das Gesicht.

„Trotzdem," sagte er, „bleibe ich bei meiner Behauptung."

„Was?"

„Ihr werdet gewaltige Schläge bekommen."

El Buitre hatte Mühe seinen Unmuth zu unterdrücken.

„Genug." sagte er, „ich sehe daß Du die Indianer nicht kennst. Der Häuptling ist einer der tapfersten Sachem seines Stammes; er genießt in den Prairien eines ausgebreitesten Rufes, und seine Krieger sind sämmtlich auserwählte Leute."

„Nun gut! Macht was Ihr wollt ich wasche meine Hände in Unschuld."

„Sage mir wenigstens ob wir auf Dich zählen können."

„Ich werde die Befehle, die mir der General gegeben hat pünktlich vollziehen."

„Mehr verlange ich nicht von Dir."

„Es ist also nichts geändert worden?"

„Nichts, es bleibt bei derselben Stunde und demselben Signal."

„Dann ist es unnöthig, daß wir uns länger besprechen. Ich werde nach der Mission zurückkehren, denn ich muß vermeiden Verdacht zu erwecken."

„Geh und möge Dich der Schwarze ferner unter seinen Schutz nehmen."

„Schönen Dank."

Der Oberst verließ die Platform. Valentin bedachte sich eine Zeit lang, denn er war unschlüssig ob er ihm folgen solle; nach reiflicher Ueberlegung aber hielt er sich überzeugt, daß nicht Alles zu Ende sei und er wahrscheinlich noch wichtige Nachrichten einsammeln werde.

El Buitre zuckte die Achseln, wandte sich zu dem Häuptling, der noch immer seinen unerschütterlichen Gleichmuth bewahrte und sagte:

„Der Stolz hat jenen Mann zu Grunde gerichtet. Vor wenigen Jahren war es noch ein lustiger Bruder."

„Was beschließt mein Bruder jetzt?"

„Nicht viel, ich werde mich verborgen halten bis die Sonne zwei Drittel ihres Laufes vollbracht hat und dann zu meinen Kameraden zurückkehren."

„Der Häuptling wird sich zurückziehen, denn seine Krieger sind noch fern."

„Gut; wir werden uns also verabredeter Maßen treffen?"

„Ja, das Bleichgesicht wird von der Seite des Waldes angreifen, während die Apachen von der Flußseite anrücken."

„Gut; seien wir aber vor allen Dingen vorsichtig, denn ein Mißverständniß könnte uns den größten Nachtheil bringen. Ich werde mich der Mission so viel wie möglich nähern, sage Euch aber vorher, daß ich mich nicht rühren werde, ehe ich nicht das Zeichen vernehme."

„Doah! Mein Bruder möge die Ohren öffnen

das Geheul des Tigers soll ihm die Nähe der Apachen verkünden."

„Gut, noch eine Warnung Häuptling."

„Das Bleichgesicht rede."

„Es ist ausgemacht, daß die Beute zu gleichen Theilen zwischen uns getheilt wird?"

Der Indianer lächelte unheimlich.

„Ja," sagte er.

„Laßt keinen Verrath zwischen uns treten, Rothhaut, sonst schwöre ich Euch, By God, daß ich Euch lebendig schinde, wie einen tollen Hund."

„Die Zunge der Bleichgesichter ist zu lang."

„Das ist möglich; beherzigt aber meinen Rath, wenn Ihr nicht wollt, daß Euch ein Unglück zustoße."

Der Indianer antwortete nur mit einer verächtlichen Geberde, worauf er sich in seinen Bisammantel hüllte und sich langsam entfernte.

Der Räuber folgte ihm eine Zeit lang mit den Blicken.

„Elender Hund!" murmelte er, „sobald ich Dich nicht mehr brauche, will ich Deine Rechnung schon abschließen, das sei versichert."

Der Indianer war verschwunden.

„Ja, was werde ich jetzt beginnen?" fuhr El Buitre fort.

Plötzlich sprang ein Mann, wie ein Jaguar hervor, und ehe der Räuber begriff, was mit ihm vorging, war er bereits festgebunden und gänzlich wehrlos.

„Ihr wißt nicht was Ihr beginnen sollt? Ich will

es Euch sagen," sagte Valentin indem er sich gelassen neben ihm setzte.

Nachdem der erste Schreck überwunden war, fand der Räuber seine volle Fassung und Frechheit wieder und blickte den Jäger unverschämt an.

„By God! Ich kenne Euch nicht Kamerad," antwortete er, „muß aber bekennen daß Ihr einen Meisterstreich gethan habt."

„Ihr seid Kenner."

„Ein wenig."

„Ja, ich weiß es."

„Ihr habt mich aber ein wenig zu fest gebunden, denn Eure verteufelte Reata bringt mir in's Fleisch."

„Bah! Daran werdet Ihr Euch gewöhnen."

„Hm!" sagte der Bandit, „Ihr habt wohl alles gehört was gesprochen wurde?"

„So ziemlich."

„Hol' mich der Teufel! Man kann wahrlich in der Wildniß nicht mehr reden, ohne behorcht zu werden."

„So ist es, es ist ein Uebelstand."

„Man muß sich eben darein schicken. Was sagtet Ihr?"

„Ich? Gar nichts."

„Verzeiht, ich glaubte das Ihr mich etwas fragtet. Aller Wahrscheinlichkeit nach habt Ihr mich nicht zum Vergnügen zusammengeschnürt wie ein Bündel Tabak."

„Nicht ganz unrichtig bemerkt; ich verband allerdings noch einen anderen Zweck damit."

„Welchen?"

„Ich wollte mich eine Weile Eurer Unterhaltung erfreuen."

„Ihr seid zu gütig."

„Man hat in der Wildniß so wenig Gelegenheit sich zu unterhalten."

„Allerdings"

„Ihr seid also auf einem Streifzuge begriffen?"

„Freilich, man muß ja doch etwas thun."

„Sehr wahr. Seid so gut mir einige Einzelnheiten mitzutheilen."

„Worüber?"

„Ueber Euer Unternehmen."

„Ja, so gern ich es möchte, ist mir es leider unmöglich."

„Schau! Warum denn."

„Ich weiß selbst nicht viel."

„So!"

„Ja, überdies bin ich sehr widersprechend und es genügt, daß man mich um etwas bitte, damit ich es verweigere."

Valentin lächelte und zog sein Messer, dessen glänzende Klinge bläulich schimmerte.

„Selbst wenn man Euch durch triftige Gründe überführt?"

„Dergleichen kenne ich nicht," versetzte der Räuber hohnlachend.

„Oho!" sagte Valentin, „dennoch hoffe ich Euch zu bekehren."

„Versucht es! Hört," fuhr er in verändertem Tone

fort, „wir haben nun lange genug Comödie gespielt. Ich bin in Eurer Gewalt und nichts kann mich retten; tödtet mich wenn Ihr wollt, ich werde aber kein Wort sagen."

Die Männer wechselten einen vielsagenden Blick.

„Ihr seid ein Dummkopf," sagte Valentin und versteht mich nicht."

„Ich verstehe vollkommen, daß ich Euch die Geheimnisse unseres Unternehmens verrathen soll."

„Ihr seid ein Einfaltspinsel, Theuerster! Ich habe Euch ja gesagt, daß ich Alles weiß."

Der Räuber schien sich einen Augenblick zu bedenken

„Was wollt Ihr denn?" sagte er.

„Euch einfach erkaufen."

„Hm! Das wird hoch zu stehen kommen."

„Aber Ihr sagt nicht nein?"

„Ich sage niemals nein!"

„Gut, jetzt redet Ihr vernünftig."

„Wer weiß?"

„Wie hoch schlagt Ihr Euren Beuteantheil von heute Nacht an?"

El Buitre blickte ihn so durchdringend an als wollte er seine Gedanken errathen.

„Wie gesagt; das wird theuer sein."

„Ja, besonders wenn man Euch an den Galgen hängt."

„Oho!"

„In Geschäften muß man alles bedenken."

„Ihr habt recht."

„Und zwar um so mehr, als ich Euch niederschieße wie einen Hund, wenn Ihr meinen Vorschlag ablehnt."

„Das klingt trostreich."

„Ihr seid gewarnt; laßt uns unterhandeln und stellt Eure Forderung."

„Funfzehntausend Piaster," rief der Räuber aus, „nicht einen Ochavo darunter!"

„Bah! Das ist nicht viel."

„Was?" versetzte Jener verwundert.

„Ich gebe Euch Zwanzigtausend."

Trotz seiner Fesseln sprang der Räuber auf.

„Topp!" rief er aus; „aber," fuhr er nach einer Weile fort, „wo ist das Geld?"

„Glaubt Ihr daß ich dumm genug sein werde Euch im Voraus zu bezahlen?"

„Aber, ich dächte . . ."

„Was fällt Euch ein, Ihr seid von Sinnen Compadre. Jetzt haben wir uns verständigt, ich will Euch daher losbinden damit Euch mit der Freiheit der Bewegung, auch das gesunde Urtheil wiederkehre."

Er löste die Reata, worauf El Buitre sofort aufsprang, mit den Füßen stampfte um sein erstarrtes Blut in Gang zu bringen, und sich endlich zu dem Jäger wandte, der lächelnd, auf sein Gewehr gelehnt, dastand und ihn betrachtete.

„Könnt Ihr mir wenigstens eine Sicherheit geben?" fragte er.

„Ja und zwar eine gute."

„Welche!"

„Das Wort eines ehrlichen Mannes."

Der Räuber schnitt ein Gesicht.

Valentin schien es nicht zu bemerken, sondern fuhr fort:

„Ich bin derjenige welchen die Weißen und die Indianer den Fährtensucher benannt haben. Mein Name ist Valentin Guittois.

„Seid Ihr das?" rief El Buitre seltsam bewegt aus; „Ihr seid also der Fährtensucher?"

„Das bin ich," antwortete Valentin einfach.

El Buitre schritt auf der Platform hastig auf und ab. wobei er unarticulirte Worte ausstieß und heftig erregt zu sein schien.

Plötzlich blieb er vor dem Jäger stehen.

„Ich schlage ein," sagte er kurz.

„Ihr werdet Euer Geld morgen erhalten."

„Ich verlange nichts."

„Wie soll ich das verstehen?"

„Lassen Sie mich noch einige Tage mein Geheimniß bewahren, Valentin. Dann will ich Ihnen mein Benehmen erklären. Obgleich ich ein Räuber bin, ist doch nicht jedes Gefühl in mir erstorben; eines wenigstens ist rege genug das ist die Dankbarkeit. Vertraut nur mir, Ihr werdet fortan keinen treueren Bundesgenossen haben sowohl zum Guten als zum Bösen."

„Der Ton in welchem Ihr redet ist nicht der eines Betrügers, ich will Euch daher vertrauen ohne mich näher nach dem Grunde dieser plötzlichen Verwandelung zu erkundigen."

„Später sollt Ihr alles erfahren, und ich bitte Euch mir jetzt, wo wir allein sind, Euren Plan ausführlich mitzutheilen, damit ich Euch wirksam unterstützen könne."

„Ja," versetzte Valentin, „die Zeit drängt."

Die beiden Männer blieben noch zwei Stunden beisamen, um den Plan des Jägers zu besprechen; als alles zwischen ihnen festgestellt war, trennten sie sich, und Valentin kehrete nach dem Missionsdorfe zurück, indessen El Buitre seine Kameraden aufsuchte die sich in der Nähe versteckt hielten.

IV.

Der Ausbruch.

Während Valentins Abwesenheit fanden im Missionsdorfe sehr wichtige Ereignisse statt.

Der Graf von Prébois-Crancé hatte seine Briefe beendet und stand, dieselben in der Hand haltend, vor einem berittenen Peonen, welchem er seine letzten Weisungen ertheilte, als man die äußersten Vorposten rufen hörte: „Wer da," welcher Ruf sofort auf der ganzen Linie wiederholt wurde.

Bei diesem Rufe, an welchen er doch gewöhnt war, zog sich das Herz Don Louis krampfhaft zusammen. Der kalte Schweiß trat auf seine Stirn, sein Gesicht wurde todtenblaß und er fühlte sich so schwach, daß er gezwungen war sich gegen eine Mauer zu lehnen.

„Mein Gott!" stammelte er für sich, „wie ist mir denn?"

Man wird vergebens versuchen das innere Gefühl oder die geheime Ahnung zu erklären, die dem Grafen ein nahes Unglück verkündete; wir bekennen unsere Unfähigkeit und begnügen uns die Thatsache zu berichten.

Der Graf bemühte sich, seine unerklärliche Aufregung zu bekämpfen und es gelang ihm mit Aufbietung seiner vollen Willenskraft ebenso kaltblütig, ruhig und gelassen zu werden als er vorher unruhig gewesen. Er war entschlossen, den kommenden Ereignissen mit Fassung und Ruhe entgegen zu gehen, trotzdem er die Ahnung eines Unglückes deutlich fühlte.

Man hatte den Schildwachen geantwortet und es entstand einiges Hin- und Widerreden.

Don Cornelio kam mit verstörter Miene und in der größten Aufregung zu dem Grafen.

„Senor Condé," sagte er athemlos worauf er inne hielt.

„Nun," fragte der Graf, „was bedeutet das Geschrei, das ich gehört habe?"

„Senor," fuhr Don Cornelio mit mühsam errungener Fassung fort, „Der General Guerrero in Begleitung seiner Tochter und mehrerer Herren und Damen verlangt vorgelassen zu werden. Er hat ein zahlreiches Gefolge bei sich.'

„Er soll mir willkommen sein. Hat er sich endlich entschlossen ohne Unterhändler mit mir zu verkehren!"

Don Cornelio entfernte sich um den erhaltenen Auftrag zu vollziehen; bald nahte sich eine glänzende Gesellschaft an deren Spitze der General Guerrero ritt.

Der General war blaß und runzelte die Brauen, man errieth daß er den Zorn, der in seinem Innern gährte, nur mit Mühe unterdrückte.

Die Abenteurer standen in verschiedenen Gruppen, stolz in ihre Lumpen gehüllt, da und betrachteten neugierig die glänzenden, mexikanischen Officiere, deren Uniform mit reicher Vergoldung verziert war und die sie so eitel machte, daß sie nur verächtliche Blicke auf ihre Umgebung warfen.

Der Graf ging dem General einige Schritte entgegen, entblößte sein Haupt mit anmuthiger Geberde und sagte in gewinnendem Tone:

„Seid mir willkommen General, ich freue mich über Euren Besuch."

Der General berührte seinen Federhut nicht einmal mit der Hand, sondern hielt zwei Schritte von dem Grafen plötzlich sein Pferd an und sagte in aufgebrachtem Tone:

„Was soll das heißen Herr? Ihr laßt Euch ja bewachen wie in einer Festung! Ihr habt, weiß Gott! so viel Schildwachen und Patrouillen um das Lager aufgestellt als ob Ihr eine Armee zu befehligen hättet."

Der Graf biß sich in die Lippen, bezwang sich aber und sagte in ruhigem jedoch ernstem Tone:

"Wir befinden uns an der Grenze der Despoblados — oder der Wildniß — General, und unsere Sicherheit hängt von unserer Wachsamkeit ab. Obwohl ich nicht der Befehlshaber einer Armee bin, muß ich doch für die Sicherheit der Leute stehen, die ich die Ehre habe anzuführen. Aber ich bitte Euch General, vom Pferde zu steigen damit wir die ernsten Angelegenheiten, welche Euch wahrscheinlich herführen, bequemer verhandeln können."

"Ich werde nicht absteigen Herr, auch Niemandem unter meinem Gefolge gestatten es zu thun, bis Ihr mir Euer seltsames Benehmen werdet erklärt haben."

Das blaue Auge des Grafen blitzte so zornig auf, daß sich der General unwillkürlich abwandte.

Die Unterhaltung fand unter freiem Himmel statt und in Gegenwart der Franzosen, die sich um die Neuangekommenen geschaart hatten; die Geduld der Abenteurer fing an sich zu erschöpfen und schon hörte man dumpfes Murren. Der Graf beschwor den Sturm durch einen Wink worauf die Ruhe sofort hergestellt war.

"General," fuhr Don Louis mit unerschütterlicher Ruhe fort, "Ihr richtet strenge Worte an mich. Ich war weit entfernt darauf gefaßt zu sein, besonders nach dem Benehmen, welches ich seit meiner Ankunft in Mexiko beobachtet habe, und der Mäßigung die ich nie aus den Augen verlor."

"Das ist leeres Geschwätz Herr!" rief der General aufgebracht aus; Euch Franzosen fehlt es nie an glatten Worten, wenn es sich darum handelt uns zu hinter=

gehen. Aber bei Gott! ich werde Euch zur Vernunft bringen, das laßt Euch gesagt sein."

Der Graf richtete sich auf, während seine Wangen fieberhaft erglühten. Er setzte den Hut, den er bisher in der Hand gehalten rasch auf, blickte den General durchdringend an, und sagte, mit vor Erregung bebender Stimme, denn kaum vermochte er seiner Entrüstung zu gebieten:

„Ich erlaube mir Euch darauf aufmerksam zu machen, Senor Don Sebastian Guerrero, daß Ihr meinen Gruß nicht erwiedert habt, und Euch, einem Edelmann gegenüber, dessen Abstammung mindestens so edel ist als die Eurige, seltsamer Ausdrücke bedient. Ist das etwa die gerühmte mexikanische Höflichkeit? Kommt zur Sache Caballero, ohne Euch einer Sprache zu bedienen, die sowohl Eurer als meiner unwürdig ist. Redet offen damit ich ein für allemal wisse, was ich von den beständigen Verzögerungen und Verräthereien zu halten habe, deren Opfer ich fortwährend bin."

Der General blieb bei dieser kecken Anrede eine Weile sinnend stehend, dann zog er mit rasch gefaßtem Entschlusse den Hut, grüßte den Grafen höflich und sagte mit völlig verändertem Tone und Wesen:

„Verzeiht mir, Caballero, daß ich mich zu Worten und Thaten habe hinreißen lassen, die ich jetzt bedaure."

Der Graf lächelte verächtlich.

„Eure Entschuldigung genügt mein Herr," sagte er.

Bei dem Worte Entschuldigung erbebte der General faßte sich aber schnell.

„Wo wollen Sie die Befehle der Regierung entgegen nehmen?"

„Hier selbst Herr; ich habe, Gott sei Dank, meinen wackeren Kameraden nichts zu verbergen."

Der General war offenbar unzufrieden, stieg aber doch vom Pferde; die Damen und Officiere welche ihn begleiteten, thaten ein Gleiches. Nur das Gefolge blieb mit bereit gehaltenen Waffen in geschlossenen Reihen zu Pferde sitzen.

Auf einen Befehl Don Louis hatte man mehre Tische aufgeschlagen und Erfrischungen aufgetragen, welche die französischen Officiere, mit der liebenswürdigen Anmuth die ihnen eigen ist, herum reichten.

Der General und der Graf hatten auf Butaccas Platz genommen, welche vor der Thür der Missionskirche standen. Ein Tisch mit Federn, Tinte und Papier befand sich daneben.

Die beiden Männer schwiegen ziemlich lange.

Offenbar wollte keiner von beiden den Anfang machen, bis sich endlich der General dazu entschloß.

„Oho!" sagte er, „Ihr habt ja sogar Kanonen!"

„Wußtet Ihr es nicht General?"

„Nein, wahrhaftig!"

Er lachte spöttisch und fügte hinzu:

„Habt Ihr die Absicht die Apachen mit solchen Waffen zu verfolgen?"

„Jetzt mehr als je General," antwortete Louis trocken. „Obgleich ich gegenwärtig noch nicht weiß zu welchem Zwecke ich das Geschütz verwenden werde, so weiß ich doch, daß es verwendbar ist, und mich im Falle der Noth nicht verlassen wird."

„Soll das eine Drohung sein Herr?" fragte der General mit Betonung.

„Weshalb sollte ich drohen wo ich handeln kann?" erwiederte der Graf unumwunden. „Es handelt sich jetzt aber nicht darum, und ich erwarte daß Sie die Gefälligkeit haben, mir mitzutheilen welche Absichten Ihre Regierung mit mir hat?"

„Sie sind durchaus gut und väterlich."

„Ich erwarte Ihre Erklärung, ehe ich mich darüber ausspreche."

Die Botschaft, welche ich zu überbringen habe, ist folgende:

„So, Ihr habt einen Auftrag an mich?"

„Ja."

„Ich höre, Caballero."

„Der Auftrag ist durchaus väterlich."

„Ich bin davon überzeugt; lassen Sie hören was die Absichten der Regierung sind."

„Ich würde allerdings wünschen, daß sie günstiger wären, doch sind sie auch so, wie ich glaube, annehmbar."

„Ich ersuche Euch, sie mir mitzutheilen, General."

„Ich bin selbst gekommen, Senor Condé, um dadurch den ungünstigen Eindruck wieder zu verwischen, den die Vorschläge der Regierung auf Euch machen könnten."

„So," sagte der Graf, „man macht mir also Vorschläge! Das heißt mit anderen Worten, man stellt mir Bedingungen; sehr wohl."

„Ach Condé, Condé, wie falsch verstehen Sie meine Worte!"

„Verzeihung, General, ich bin aber, wie Ihr wißt in Eurer herrlichen spanischen Sprache nicht sehr bewandert, trotzdem danke ich Euch herzlich, daß Ihr die unerfreuliche Pflicht übernommen habt mir jene Vorschläge zu überbringen."

Er sprach die Worte mit einem leisen Anfluge von Spott, der dem Generale alle Fassung benahm.

„Ich erlaube mir, Euch zu eröffnen General, daß wir nur noch wenige Meilen von den Minen entfernt sind, meine Lage daher um so peinlicher für mich ist, als sowohl ich, als diejenigen, welche ich bevollmächtigt hatte, persönlich mit den Behörden des Landes zu verhandeln, stets nur ausweichende Antworten erhalten haben."

„Das ist freilich wahr und ich begreife es vollkommen, auch wird Euch der Oberst Flores, den Ihr vor einigen Tagen zu mir schicktet, mitgetheilt haben wie sehr ich es beklage. Verliere ich doch ebenso viel dabei wie Ihr. Unglücklicher Weise bin ich wie Ihr zugeben werdet, lieber Graf, gezwungen zu gehorchen."

„Das sehe ich vollkommen ein," antwortete Louis ironisch. „Es muß Euch freilich sehr nahe gehen."

„Leider!" sagte der General der immer verlegener wurde und innerlich anfing zu bereuen, daß er kein zahlreicheres Gefolge mitgenommen habe.

„Da es aber unnöthig ist eine Lage, welche Euch so peinlich ist aufs Unbestimmte hin fortdauern zu lassen, bitte ich, sich ohne weitere Umschweife zu erklären."

„Hm! Bedenkt wenigstens daß ich auf keinen Fall verantwortlich bin."

Wir müssen der Wahrheit gemäß bekennen, daß sich der General fürchtete.

„Nun, vorwärts!"

„Hier sind die Vorschläge; man bedeutet Euch..."

„Oho! der Ausdruck ist stark," bemerkte Louis.

Der General zuckte die Achseln, als wolle er sagen daß er für den Wortlaut nicht könne.

„Also," sagte der Graf, „man bedeutet uns..."

„Ja, erstens darein zu willigen Eure Eigenschaft als Franzose aufzugeben..."

„Verzeihung," sagte der Graf indem er seine Hand auf die Schulter des Generals legte, „einen Augenblick wenn ich bitten darf. Was Ihr mir mitzutheilen habt, betrifft, wie ich sehe, auch meine Begleiter, es ist daher meine Pflicht, sie der Vorlesung der Bedingungen beiwohnen zu lassen. Ihr habt dieselben schriftlich, nicht wahr General?"

„Ja," stotterte der General der sehr blaß wurde.

„Sehr wohl. Die Signalisten sollen zur Versammlung blasen," rief der Graf mit lauter befehlender Stimme.

Zehn Minuten später hatte sich die ganze Compagnie um den Tisch geschaart, an welchem der Graf und der General saßen.

Don Louis blickte sich forschend um, da gewahrte er, daß auch die mexikanischen Officiere und die Damen neugierig näher getreten waren.

„Stühle für die Caballeros und die Damen," befahl er. „Entschuldigen Sie, Senoras, wenn ich Sie nicht mit der Auszeichnung behandle, die Sie erwarten können. Ich bin aber nur ein armer Abenteurer und wir befinden uns in der Wildniß."

Hierauf nahm Jedermann Platz.

„Ich bitte um die Abschrift jener Vorschläge," sagte der Graf zum General, „ich will sie selbst vorlesen."

Der General gehorchte unwillkürlich.

„Meine Herren und lieben Cameraden," sagte Don Louis in scharfem bestimmten Tone in dessen Klänge ein mühsam verhaltener Zorn bebte. „Als ich Euch in San Franzisco anwarb, habe ich Euch die authentischen Acten vorgelegt, die mir den Besitz der Minen von la Plancha de Plata zuerkannten, nicht wahr?"

„Ja!" riefen die Abenteurer einmüthig.

„Ihr habt gesehen, daß diese Documente von Don Antonio Pavo, dem Präsendenten der mexikanischen Republik und dem hier anwesenden, Don Sebastian Guerrero, unterzeichnet waren. Ihr wußtet also unter welchen Bedingungen Ihr eintratet und welche Verpflichtungen die mexikanische Regierung gegen uns einging. Heute, nach dreimonatlichen Märschen und Gegenmärschen, nachdem Ihr ohne zu murren alle Täuschungen ertragen, die es der mexikanischen Behörde gefiel uns zu bereiten; nachdem Ihr durch ein gutes Betragen und eine strenge Mannszucht bewiesen habt, daß Ihr auf jede Weise würdig wäret den erhaltenen Auftrag zu vollziehen; nachdem endlich alle Hindernisse, die man uns geflissentlich in den Weg legte, überwunden und wir kaum zehn Meilen von den heiß ersehnten Minen sind, sollt Ihr durch mich erfahren was die mexikanische Regierung von Euch verlangt, denn Ihr seid dabei noch mehr betheiligt wie ich."

Die Neugierde malte sich auf den Gesichtern aller Abenteurer.

„Redet! Redet!" riefen sie aus.

„Es werden Euch drei Punkte vorgeschrieben: erstlich bedeutet man Euch, daß Ihr Eurer Eigenschaft als Franzosen entsagen und Mexikaner werden müßt; unter der Bedingung könnt Ihr, vorausgesetzt daß Ihr keinen Sold beansprucht, und Euch dem Oberbefehle des Generals Guerrero fügt, dessen Adjudant ich sein soll, die Minen ausbeuten."

Ein homerisches Gelächter folgte diesem Vorschlage.

„Die zweite. Laßt die zweite Bedingung hören," riefen Einige.

„Donnerwetter!" riefen Andere, „die Mexikaner sind nicht dumm, wenn sie uns zu Landsleuten haben wollen."

„Weiter, weiter!" brüllten die Uebrigen.

Der Graf winkte, worauf die Ruhe wieder eintrat.

„Zweitens befiehlt man Euch, wenn Ihr Franzosen bleiben wollt, Euch mit Sicherheitskarten zu versehen. Vermittelst derselben könnt Ihr ungehindert gehen wohin Ihr wollt. Als Fremdlinge aber, ist es Euch verboten auf den Besitz, das heißt die Ausbeute der Minen, Ansprüche zu erheben. Ihr habt mich verstanden, nicht wahr?"

„Ja ja. Weiter, weiter!"

„Ich habe die Mexikaner nicht für so eingebildet gehalten," bemerkte ein Spaßvogel.

„Drittens endlich befiehlt man mir persönlich, meine Compagnie auf funfzig Mann zu reduciren, mich unter den Befehl eines mexikanischen Officieres zu stellen, und unter der Bedingung ist es der Compagnie gestattet, sofort von den Minen Besitz zu nehmen."

Als der Anführer seine Vorlesung beendet hatte entstand ein so schallendes Gelächter, Geschrei und Geheul, daß man fast während einer Viertelstunde kein Wort reden konnte.

Endlich gelang es dem Grafen mit großer Mühe die Ruhe wieder herzustellen.

„Das sind die väterlichen Absichten welche die mexikanische Regierung für uns hegt. Was meint Ihr dazu, meine Freunde? Ich bitte Euch aber, laßt Euch nicht durch Eure gerechte Entrüstung hinreißen, sondern erwägt reiflich was Ihr in Eurem eigenen Interesse beschließen wollt. Mein Entschluß ist bereits gefaßt und zwar so unabänderlich daß ich selbst um den Preis meines Lebens nicht davon abgehen würde. Aber Ihr meine Brüder und Freunde, müßt selbst entscheiden, denn Eure Interessen sind nicht die meinigen. Opfert Euch daher nicht aus Freundschaft und Hingebung für mich auf. Ihr kennt mich gut genug, um zu wissen, daß Ihr meinem Worte trauen dürft; diejenigen von Euch, welche mich verlassen wollen, sind frei es zu thun. Ich werde ihnen nicht nur keine Hindernisse entgegenstellen, sondern es ihnen auch nicht nachtragen. Die seltsame Lage, in welche uns die Wortbrüchigkeit der Mexikaner versetzt, schreibt mir ein Benehmen vor, nach welchem Ihr Euch nicht zu richten braucht, ohne Eurer Ehre etwas zu vergeben. Von Stunde an entbinde ich Euch jeder Verpflichtung gegen mich, aber wenn ich auch nicht mehr Euer Anführer bin, bleibe ich doch Euer Bruder und Freund."

Kaum hatte er ausgeredet als sich die Abenteurer ungestüm und in wilder Hast um ihn schaarten, ihn schreiend und weinend umgaben, in ihren Armen empor trugen, kurz ihm die unzweideutigsten Beweise ihrer Treue und Ergebenheit gaben.

„Es lebe der Graf! Es lebe Louis? Es lebe unser Anführer! Nieder mit den Mexikanern, Nieder mit den Verräthern!"

Die Aufregung stieg in einem Grade, welche den im Lager anwesenden Mexikanern gefährlich zu werden drohte. Die Entrüstung hatte ihren Gipfel erreicht. Indessen gelang es dem Einflusse des Grafen und dem energischen Auftreten der französischen Officiere, die Gemüther zu beruhigen und die gewohnte Ruhe wieder herzustellen.

Der General Guerrero, der anfangs über die Wirkung betroffen war, welchen die unglücklichen Vorschläge, deren Ueberbringer er war, auf die Franzosen machten, hatte sich doch bald wieder beruhigt besonders als er gewahrte, mit welcher Biederkeit und Selbstverläugnung, ihn der Graf gegen den gerechten Unwillen seiner Gefährten geschützt hatte. Nachdem er die Ueberzeugung gewonnen, daß er, einem so edlen Menschen gegenüber, wie derjenige war, den er so schändlich hintergangen hatte, nichts zu befürchten habe, beschloß er, einen Hauptstreich auszuführen.

„Caballeros," sagte er, in dem einschmeichelnden Tone der den Mexikanern eigen ist, „gestattet mir Euch einige Worte zu sagen."

Bei diesem Verlangen war der Tumult im Begriff wieder auszubrechen; doch gelang es dem Grafen eine drohende Stille, wenn man so sagen kann, wieder herzustellen.

„Redet, General," sagte er.

„Meine Herren," fuhr Don Sebastian fort, „ich habe nur wenige Worte hinzuzufügen. Der Graf von Prébois-Crancé hat Euch die Bedingungen vorgetragen die Euch die mexikanische Regierung auferlegt, er hat Euch aber nicht sagen können, was geschehen wird wenn Ihr Euch weigert, dieselben einzugehen."

„Das ist allerdings wahr, mein Herr. Seid daher so gut uns darüber aufzuklären."

„Es ist eine schwere Pflicht für mich, doch darf ich mich derselben, in Eurem Interesse, Caballeros, nicht entziehen."

„Zur Sache, zur Sache!" riefen die Abenteurer.

Der General entfaltete ein Manuscript und las nach einigem Bedenken, mit bebender Stimme, wie folgt:

„Der Graf Don Louis de Prébois-Crancé und

Alle die ihm treu bleiben, sollen als Räuber angesehen werden, in die Acht erklärt, und als Missethäter verfolgt werden, vor ein Kriegsgericht gestellt und binnen vier und zwanzig Stunden erschossen werden."

„Ist das Alles Herr?" fragte der Graf gelassen.

„Ja," antwortete der General stotternd.

Auf einen Wink des Grafen wurden die beiden Papiere auf welchen die Vorschläge und die Aechtung verzeichnet waren an einen Baumstamm genagelt.

„Ihr habt Euch jetzt Eures Auftrages entledigt, nicht wahr? Ihr habt nichts mehr hinzuzufügen?"

„Ich bedaure, Senor Condé...."

„Genug, mein Herr! Wenn ich wirklich ein Räuber wäre, wie es Euch gefällt mich gütigst zu nennen, so wäre es mir ein Leichtes, Euch hier festzuhalten, mit Eurem ganzen Gefolge und mich nach Herzenslust an Euch zu rächen. Aber, trotz Eurer Behauptung, bin weder ich, noch die Leute, welche ich zu führen die Ehre habe, Räuber, und Ihr könnt Euch ebenso ungehindert entfernen, wie Ihr gekommen seid. Nur glaube ich, daß es gerathen sein wird Eure Abreise nicht aufzuschieben."

Der General ließ es sich nicht zwei Mal sagen. Er hatte, seit zwei Stunden, dem Tode nahe genug in's Auge geschaut, wenigstens glaubte er es, um noch zu wünschen, sich länger im Lager aufzuhalten. Er gab daher sofort den Befehl aufzubrechen.

In dem Augenblicke trat Dona Angela plötzlich aus der Mitte der Frauen, unter welchen sie sich bisher versteckt gehalten hatte, und schritt, majestätisch in ihren Rebozo gehüllt, mit flammenden Blicken und stolzer Haltung näher.

„Halt!" sagte sie in so entschlossenem und gebietendem Tone, daß sie Alle verwundert ansahen.

„Fräulein," sagte Louis zu ihr, „ich beschwöre Sie."

„Laffen Sie mich reden!" sagte sie fest, „lassen Sie mich reden, Senor Condé. Da es in unserem unglücklichen Lande niemand wagt sich gegen den schändlichen Verrath aufzulehnen dessen Opfer Sie sind, sehe ich, ein Weib, die Tochter Ihres Todfeindes, mich veranlaßt laut und vor Allen zu erklären, daß Sie, Graf, der einzige geniale Mann sind, der im Stande ist, das unglückliche Land zu retten. Man verkennt, schmäht Euch und nennt Euch einen Räuber. Wohlan, sei es darum! selbst als Räuber, Don Louis, liebe ich Euch! Fortan gehöre ich Euch, und nur Euch! Beharrt in Eurem großmüthigen Unternehmen; so lange ich lebe, wird es in dem von Gott verfluchten Lande, ein Wesen geben, das für Euch betet! Lebt jetzt wohl, ich schenke Euch mein Herz."

Der Graf kniete vor dem edlen Mädchen nieder, küßte ihr ehrerbietig die Hand, und sagte, mit gen Himmel gerichteten Blicken und bewegter Stimme:

„Ich danke Ihnen, Dona Angela. Ich liebe Sie, und was auch geschehen möge, werde ich mich Ihrer Liebe würdig zeigen."

„Jetzt wollen wir fort mein Vater," sagte sie zu dem Generale, der ganz außer sich vor Wuth war, sich aber bezwingen mußte; dann wandte sie sich ein letztes Mal zu dem Grafen und sagte: „Auf Wiedersehen, Don Louis, mein Verlobter! Wir sehen uns bald."

Sie verließ das Lager unter dem begeisterten Jubelgeschrei der Abenteurer.

Die Mexikaner zogen erröthend und mit gesenkten Blicken ab; sie waren unwillkürlich beschämt, über den schändlichen Verrath, den sie begangen hatten, besonders weil er Leute traf, welche sie selbst herbeigerufen hatten, worauf sie dieselben vier Monate lang mit falschen Versprechungen hingehalten, und endlich im Begriffe waren, sie zu hetzen, wie wilde Thiere.

Es waren seit jenem Auftritte kaum zwei Stunden verstrichen, als Valentin in das Lager zurückkam.

V.

Der erste Schuß.

Die durch den Besuch des Generals hervorgerufene Aufregung legte sich allmählich. Die Franzosen, welche seit so langer Zeit von den Mexikanern gefoppt und hingehalten wurden, waren fast erfreut darüber sich endlich von dem Gewebe von Lug und Trug befreit zu sehen, in welchem sie gefangen gewesen, ohne einen Ausweg finden zu können. Sie scherzten und lachten, mit der Sorglosigkeit, die der Grundzug des französischen Charakters ist, über die Mexikaner im Allgemeinen und die

Behörden des Landes insbesondere, über welche sie vorzüglich zu klagen hatten, ohne daß sie bisher, aus Rücksicht für den Grafen, ein Wort darüber gesagt hätten. Ihr Vertrauen zu dem Grafen war so groß, daß sie, ohne zu bedenken, daß sie eine kleine Anzahl Männer, und hülf- und schutzlos mehr als sechs tausend Meilen von ihrem Vaterlande entfernt waren, ihrer abenteuerlichen Phantasie die Zügel schießen ließen und sich in den tollsten Träumen wiegten. Mit der ernsthaftesten Miene entwarfen und beriethen sie sich über die tollkühnsten Pläne; ohne daß es den arglosen Freibeutern einfiel sich zu gestehen, daß auch ihre vernünftigsten Wünsche unerreichbar sein.

Louis wollte den Eifer seiner Freiwilligen nicht verrauchen lassen. Nachdem er seinen Officieren seine Pläne mitgetheilt, die mit Begeisterung aufgenommen wurden, berief er auf den Rath Valentins eine allgemeine Versammlung.

Die Signalisten bliesen und die Abenteurer schaarten sich um das Hauptquartier.

„Meine Herren," sagte der Graf, „Sie sehen in welche Lage uns die Wortbrüchigkeit der mexikanischen Behörden versetzt; indessen ist dieselbe, meiner Ansicht nach, keineswegs verzweifelt. Freilich darf ich Ihnen nicht verhehlen, daß sie bedenklich ist, und wie ich aus guter Quelle weiß, noch bedenklicher werden dürfte. Wir haben die Wahl zwischen zwei Wegen um uns aus der Verlegenheit zu ziehen: erstlich können wir uns in Eilmärschen nach Guaymas verfügen, uns ein Schiff verschaffen, und absegeln, ehe unsere Feinde Zeit gefunden, sich unserer Abreise zu widersetzen."

Ein lautes Murren nahm diesen Vorschlag auf.

„Meine Herren," fuhr der Graf fort, „es war meine Pflicht, Ihnen diesen Vorschlag zu machen, Sie können sich darüber untereinander berathen, sagt er Ihnen nicht zu, so wird das genügen, um ihn aufzugeben. Der zweite ist folgender: seit der Unabhängigkeitserklärung Mexikos, schmachtet das Land unter der schändlichsten Barbarei; es wäre eine große That, dem Volke aufzuhelfen, oder es wenigstens zu versuchen. Gegenwärtig ist Kalifornien mit den Auswanderern aus den Vereinigten Staaten überschwemmt, und sie machen es den Uebrigen nicht nur unmöglich fortzukommen, sondern versagen ihnen sogar die gleichen Rechte mit ihnen.

Die hier in Sonora versammelte Truppe besteht aus zweihundert entschlossenen Franzosen, die gut bewaffnet und eingeschult sind. Bemächtigen wir uns irgend einer großen Stadt, um vor allen Dingen einen Ausgangspunkt für unsere Operationen zu haben, hiermit ziehen wir die französischen Auswanderer nicht nur in Californien, sondern in ganz Amerika an uns, befreien Sonora, machen das Land unabhängig und stark, civilisiren es, sei es auch gegen seinen Willen und begründen dadurch nicht nur eine Stätte für die französischen Auswanderer, sondern erheben ein entwürdigtes Volk und bilden eine Colonie, welche dem Einflusse Nord-Amerikas in dieser Gegend, die

Wage zu halten, und den fortwährenden Uebergriffen der Union wirksam entgegenzutreten vermag. Wir erwerben uns Rechte auf den Dank unseres Vaterlandes, und rächen uns an unseren Feinden, wie es den Franzosen würdig ist, nämlich, wir erwiedern ihre Kränkungen durch Wohlthaten. Das sind die zwei einzigen Wege, meine Herren, die wir einschlagen können und solcher Männer, wie wir, würdig sind. Erwägt meine Worte mit Bedacht, überlegt meine Vorschläge reiflich, und theilt mir morgen beim Anbruche des Tages durch Eure Officiere mit, was Ihr beschlossen habt. Eins bitte ich Euch besonders zu bedenken Cameraden, nämlich daß Ihr die strengste Manneszucht aufrecht erhalten müßt, mir unbedingten Gehorsam schuldig seid und mir das blindeste Vertrauen zu schenken habt. Versäumt Ihr nur eine, der eben genannten Pflichten so sind wir Alle verloren, denn dann ist die Möglichkeit des Widerstandes vernichtet, und wir daher der Willkür unserer Feinde Preis gegeben. Ich gebe Euch übrigens hiermit nochmals das feierliche Versprechen, Euch in keiner Lage, und wegen noch so lockender Verheißungen zu verlassen. Wir werden mit einander untergehen, oder siegen!"

Diese Rede fand die verdiente Würdigung; sie wurde nämlich mit unbeschreiblichem Jubel aufgenommen.

Der Graf ging nun mit Valentin abseits.

„Ach, Bruder!" redete er Letzterem, im Tone des ergreifendsten Schmerzes an, „jetzt ist der Wurf gefallen, und ich, der Graf von Prébots-Crancé bin in der That ein Rebell und Räuber. Ich habe einer gesetzmäßig anerkannten Macht, einer bestehenden Regierung den Krieg erklärt; was werde ich mit meiner Hand voll Leute beginnen? Ich werde im ersten Treffen unterliegen! Ist es doch ein thörichtes Beginnen, das mich zum Spotte der ganzen Welt machen muß. Wer hätte das gedacht, als ich San Francisco so hoffnungsreich verließ, um die Minen auszubeuten? Was ist aus meinen goldenen Träumen, meinen süßen Hoffnungen geworden?"

„Laß Dich nicht also niederbeugen, Bruder," antwortete Valentin; „jetzt bedarfst Du Deiner vollen Ueberlegung und Energie mehr als je, wenn Du d Aufgabe, welche Dir der Zufall auferlegt, würdig lösen willst. Bedenke daß das Heil von zweihundert Deiner Landsleute, von Deinem Muthe und Deiner Entschlossenheit abhängt. Du hast ihnen versprochen, sie wieder an die Küste zurückzubringen und mußt Dein Wort halten."

„Ich werde mit ihnen sterben. Was können sie mehr verlangen?"

„Daß Du sie rettest," erwiederte der Jäger in zurechtweisendem Tone.

„Das ist mein sehnlichster Wunsch."

„Deine Lage ist günstig, denn Du bist keineswegs so verlassen hier, wie Du glaubst."

„Wie so?"

„Kannst Du nicht auf den Beistand der französischen, vom Grafen von Lhorailles gegründeten Colonie Guetzalli rechnen?"

„Ja," versetzte Louis niedergeschlagen, „aber der Graf ist todt."

„Allerdings; trotzdem besteht und gedeiht die Colonie; Du wirst dort funfzig bis sechszig entschlossene Leute finden, die gern bereit sein werden Dir zu folgen, wäre es auch nur aus der Sucht nach Abenteuern."

„Funfzig Mann ist wenig genug!"

„Keineswegs; gegen Mexikaner ist es mehr als Du brauchst. Du kannst noch mehr thun: bereite die halbwilden Völker auf einen Aufstand vor. Seufzen doch die Alkaden im Stillen über ihre untergeordnete Stellung und die Abhängigkeit in welcher sie von der mexikanischen Regierung erhalten werden."

„Ja, ja!" rief Louis aus, „das ließe sich hören! Wer soll es aber übernehmen die Völker aufzusuchen, und sich mit den Alkaden und Pueblos in Verbindung setzen?"

„Ich, wenn Du willst."

„Ich wagte nicht, Dich darum zu bitten, und bin Dir von Herzen dankbar. Ich werde meinerseits bemüht sein, meine Vorkehrungen so zu treffen, daß ich die mexikanische Regierung durch einen entscheidenden Schritt schrecken, und ihr zugleich einen Begriff unserer Macht geben kann."

„Gut; vergiß vor allen Dingen, daß für jetzt, bis Gegenbefehl erfolgt, der Krieg eine fortwährende Reihenfolge kecker Handstreiche sein muß."

„Sei unbesorgt; jetzt, nachdem die Mexikaner die Maske haben fallen lassen und mich zwingen mich zu wehren, sollen sie die Menschen, welche sie so lange verachtet und für feige angesehen haben, weil sie gut waren, kennen lernen!"

„Ist der Oberst Flores fort?"

„Nein, noch nicht."

„Halte ihn, unter irgend einem Vorwande, bis morgen hier fest."

„Warum?"

„Laß mich nur machen, Du sollst es schon erfahren. Jetzt müssen wir uns auf den Angriff der Indianer vorbereiten; wenn mich meine Ahnung nicht trügt, wird es einen heißen Kampf geben."

„Weshalb glaubst Du das?"

„Gewisse Erkundigungen, die ich selbst eingezogen und andere, noch wichtigere, die ich von Curumilla erfahren habe, berechtigen mich dazu. Trage doch Sorge, daß der mexikanische Oberst, ohne es zu ahnen, so bewacht wird, daß er das Lager nicht verlassen kann."

„Das soll geschehen. Du weißt, daß ich wegen der nöthigen Vorsichtsmaßregeln unbedingt auf Dich rechne."

„Was das Aeußere betrifft, kannst Du es; laß es hingegen Deine Sorge sein, daß die Reihen nicht durchbrochen werden."

Im Lager herrschte das regste Leben; die Schmiede, Waffenschmiede waren thätig, und arbeiteten mit fieberhafter Hast um die Waffen, Wagen und Lafetten in Stand zu setzen.

Ueberall ertönte munteres Geschrei und fröhliches Lachen, die würdigen Abenteurer hatten ihre ganze Heiterkeit wiedergefunden, seitdem Aussicht war, sich zu schlagen, das heißt: Schläge auszutheilen und zu empfangen.

Der Oberst Flores bewegte sich ziemlich niedergeschlagen unter der Menge. Seine Lage wurde schwierig und er war sich dessen bewußt. Doch wußte er nicht, unter welchem Vorwande er länger bei den Franzosen bleiben sollte; war doch der Krieg jetzt erklärt, die Interessen der Gesellschaft, deren Abgesandter er war, kamen jetzt gar nicht in Betracht, es fehlte ihm daher durchaus an irgend einen, einigermaßen gerechtfertigtem Grunde zu bleiben. Seit der Ankunft der Franzosen in Mexiko, hatte dem Obersten seine Achselträgerei viel eingebracht, sein Amt als Spion, trug ihm bei der vertrauensvollen Offenheit der Abenteurer, ungeheure Summen ein. Es war daher begreiflich, daß er eine so einträgliche Stellung nicht so gutwillig aufgeben mochte.

Die Miene des Obersten war sehr düster, denn er zerbrach sich vergebens den Kopf, um einen plausiblen Vorwand für sein Bleiben aufzufinden.

Während er eben am Tiefsten in seinen diplomatischen Betrachtungen versunken war, trat Valentin zu ihm und meldete ihm, mit der unschuldigsten Miene von der Welt; daß ihn Don Louis zu sprechen verlange. Der Oberst erbebte bei dieser Nachricht; er dankte dem Jäger eiligst für die Ueberbringung derselben und begab sich rasch zum Grafen.

Valentin blickte ihm spöttisch lächelnd nach und

in der Ueberzeugung, daß ihn Louis lange genug aufhalten werde, schickte er sich an den Plan auszuführen, den er bereits vorbereitet hatte.

Die Nacht war unterdessen angebrochen, und breitete sich finster und unheimlich, von keinem Sterne erhellt, über die Erde. Die Wolken zogen schnell am Himmel vorüber und bedeckten fortwährend die bleiche Mondsscheibe, deren kaltes Licht, sie verhüllten.

Der Wind heulte kläglich durch die Zweige der Bäume und schlug sie mit unheimlichem Rascheln gegeneinander.

In den dunklen, geheimnißvollen Tiefen des Waldes erwachte fernes Heulen und Knurren, ermischt mit dem Brausen des Wasserfalles und den Klappern der Kiesel, welche von den Fluthen des Stromes vom Ufer mit fortgerissen wurden.

Die Nacht schien sich der Trauer der Menschen anzuschließen, und über die Verbrechen zu seufzen, die ihr dunkler Schleier verbergen muß.

Auf den Befehl Valentins hatte man die Bäume rings um das Lager auf hundert Fuß im Umkreise umgehauen, um das Terrain zu planiren, und dem Feinde die Möglichkeit zu benehmen, sich dem Lager ungesehen zu nähern.

Dann zündete man in gemessenen Entfernungen auf dem dadurch gewonnenen, freien Raume Feuer an.

Dieselben loderten hoch auf und umgaben das Lager mit einem feurigen Gürtel, die Prairien weithin erhellend, während Ersteres im Dunkel blieb.

Im Missionsdorfe ließ sich nicht der schwachste Lichtschein blicken; die Schanzen schienen verödet zu sein, denn keine Schildwache war zu sehen.

Dem Anscheine nach herrschte in der Mission die frühere Verödung und Stille, überall Ruhe und Schweigen.

Es war aber die Stille welche dem Sturme vorausgeht. Man ahnte wie viele Herzen in der Dunkelheit angstvoll schlugen, und mit wachsamem Auge und Ohre, und gespanntem Hahne stumm das Nahen des Feindes erwarteten.

Die Stunden verstrichen langsam und reihten sich aneinander, ohne daß die Befürchtung Valentins in Betreff eines Angriffes der Indianer, auf irgend eine Weise bestätigt worden wäre.

Der Graf schritt in der Kirche, die ihm als Zufluchtsstätte diente, unruhig auf und ab, und lauschte mit gespannter Aufmerksamkeit auf das kleinste Geräusch das durch die Stille laut wurde. Zuweilen warf er einen ungeduldigen, zornigen Blick in die Ferne; aber nichts regte sich, dieselbe tiefe Stille lag wie früher auf der Gegend.

Endlich, von der langen, ermüdenden Erwartung erschöpft, verließ er die Kirche und schritt nach den Verschanzungen.

Sämmtliche Abenteurer waren auf ihren Posten, und lagen mit bereit gehaltenen Gewehren am Boden.

„Habt Ihr noch nichts gehört oder gesehen?" fragte der Graf, obwohl er im Voraus wußte, was man ihm antworten würde, mehr um seiner Ungeduld Luft zu machen.

„Nichts!" antwortete Don Cornelio kaltblütig; er stand zufällig dem Grafen zunächst.

„Ach! Seid Ihr es?" sagte Letzterer, „was habt Ihr mit dem Obersten Flores angefangen?"

„Ich habe Euren Befehl vollzogen. Er schläft."

„Wißt Ihr es gewiß?"

Der Spanier lächelte.

„Ich stehe dafür, daß er wenigstens bis zum Anbruche des Tages fortschlafen wird," sagte er; „ich habe meine Sache gewissenhaft besorgt."

„Gut; von ihm haben wir also nichts zu befürchten."

„Durchaus nichts."

„Hat niemand Valentin und den indianischen Häuptling gesehen?"

„Nein; bei Sonnenuntergang sind Beide fortgegangen und seitdem nicht zurückgekehrt."

Während dieses Gespräches standen die Sprechenden mit dem Gesichte nach Außen gewendet, und ließen ihre Blicke über die Ebene schweifen; sie fuhren daher erschrocken zusammen als plötzlich ein Mensch, wie aus der Erde gewachsen, vor ihnen stand.

„Valga me Dios!" rief der abergläubische Spanier aus; „was so das heißen?"

Der Graf griff rasch nach dem Revolver, den er im Gürtel trug.

„Schießt nicht!" sagte der Neuangekommene, indem er ihm die Hand auf die Schulter legte.

„Curumilla!" rief der Graf verwundert aus.

„Still!" sagte der Araucan.

„Wo ist Valentin?"

„Er schickt mich."

„Die Rothhäute werden uns wohl diese Nacht nicht angreifen?"

Curumilla sah den Grafen verwundert an.

„Sieht sie mein Bruder nicht?" fragte er.

„Wo?" fragte der Graf verwundert.

„Dort," antwortete Curumilla und deutete mit ausgestrecktem Arme nach der Ebene.

Don Louis und Don Cornelio folgten der angedeuteten Richtung mit gespannter Aufmerksamkeit, konnten aber trotz aller Mühe nichts erblicken. Die Ebene lag noch immer öde und nur von den Streiflichtern des Feuers beleuchtet da. Hie und da lagen die Stämme der Bäume, welche man umgeschlagen hatte um eine freiere Aussicht zu gewinnen und die Umgebung des Lagers zu lichten, umher.

„Nein," sagten sie endlich, „wir sehen nichts."

„Die Augen der Weißen verschließen sich des Nachts," murmelte der Häuptling mit Ueberzeugung.

„Aber wo sind sie?" fuhr der Graf ungeduldig fort; „warum hat man uns nichts gesagt?"

„Mein Bruder Koutonepi schickt mich deswegen her." Der Name Koutonepi, das heißt der Tapfere, war Valentin von den Araucanern beigelegt worden sobald er nach Amerika gekommen war; und Curumilla nannte ihn niemals anders.

"In dem Falle, Häuptling, beeilt Euch uns zu belehren, damit wir der schändlichen Hinterlist begegnen können, deren sich jene Teufel jedenfalls bedienen werden."

"Mein Bruder mag seine Krieger anweisen sich kampffertig zu halten."

Der Befehl wurde sofort ertheilt und in sämmtlichen Reihen verbreitet.

Hierauf legte Curumilla gelassen seine Rifle an, zielte eine Zeitlang auf einen in der Nähe stehenden Baumstamm und drückte los.

Nimmer hatte ein Schuß eine größere Wirkung gethan. Ein furchtbarer Schrei ertönte in der Ebene, und wie auf einem Zauberschlag kamen eine Menge Rothhäute hinter den Baumstämmen hervor, wo sie sich versteckt gehalten hatten und stürzten sich mit der Hast einer Heerde Coyoten, indem sie ein entsetzliches Geheul ausstießen und ihre Waffen wüthend schwangen, dem Lager entgegen.

Die Franzosen waren aber auf den Angriff vorbereitet, sie empfingen die Indianer mit vorgestrecktem Bajonette, wichen nicht einen Zoll zurück und erwiederten das wilde Geheul derselben mit dem einstimmigen Rufe:

"Es lebe Frankreich!"

Bald sollte derselbe Ruf am hellen Tage ertönen und sie zu einem glänzenden Siege führen.

Der Krieg war jetzt thatsächlich erklärt; der erste

Schuß war gefallen, die Franzosen hatten Pulverdampf gerochen, und die Mexikaner sollten auf ihre Unkosten erfahren, welche gefährliche Feinde sie sich unbesonnener Weise zugezogen hatten.

Die Rothhäute kämpften unter der Führung ihres Häuptlinges und von demselben angefeuert, mit unglaublicher Wuth. Die Mehrzahl der Franzosen, die bei der Compagnie waren kannten die Art zu kämpfen der Indianer nicht und standen ihnen auf dem Schlachtfelde zum erstenmale gegenüber. Sie leisteten ihnen wackeren Widerstand und verursachten ihnen furchtbare Verluste, konnten aber dabei nicht umhin den kecken Muth jener halbnackten und schlecht bewaffneten Männer zu bewundern, die sich mit unerschrockener Verwegenheit dem Feinde entgegen stellten und nicht eher wichen bis sie todt niederfielen.

Plötzlich erschien eine zweite, viel zahlreichere und durchaus aus Reitern bestehende Truppe auf dem Schlachtfelde und unterstützte die Angreifer. Sobald dieselben sahen, daß Verstärkung gekommen war verdoppelten sie ihr Geschrei und ihre Anstrengungen und es entstand ein furchtbares Gemetzel. Die Streitenden rangen mit einander und zerfleischten sich wie Raubthiere.

Die französischen Trommeln und Hörner gaben kräftig das Zeichen zum Sturm.

„Einen Ausfall! Einen Ausfall!" riefen die Abenteurer, welche sich schämten von einem scheinbar so verächtlichem Feinde in Athem erhalten zu werden.

„Tödtet! Tödtet!"

Die Indianer antworteten durch ihren Kriegsruf.

Ein indianischer Häuptling saß, bis an den Gürtel entblößt, auf einem prächtigen schwarzen Pferde und tummelte sich fortwährend in den ersten Reihen der Seinigen, wobei er alle Feinde die seinem Arme erreichbar waren zu Boden warf und erschlug. Zweimal hatte er bereits sein Pferd nach den Barrikaden getrieben und zweimal die Verschanzungen erstiegen, ohne sie vollständig erklettern zu können.

Der Häuptling war Mizcoaßin. Sein schwarzes Auge blitzte düster, während sein Arm unermüdlich war, und Jedermann wich vor dem furchtbaren, und wie es schien, unbesiegbarem Feinde zurück.

Der Sachem verdoppelte seine Angriffe, rief den Seinigen fortwährend zu und schmähte die Weißen mit Worten und ironischen Geberden.

Plötzlich erschien eine dritte Truppe auf dem Schlachtfelde, das die Feuer vollständig erhellte. Jene Truppe bestand, wie die zweite, gleichfalls aus Reitern, aber, anstatt sich den Indianern anzuschließen, stellte sie sich im Halbkreise auf und stürmte mit dem Rufe:

„A Muerte! A Muerte!" wüthend auf sie ein.

Jetzt erhob sich Valentins kräftige Stimme über das Getümmel der Schlacht und rief:

„Jetzt! Jetzt!"

Der Graf hörte es. Er wandte sich zu einer Truppe von ohngefähr funfzig Abenteurern die seit dem Beginne des Kampfes zwar ungedulbig aber unbeweglich, mit dem Gewehre in der Hand hinter ihm standen.

„Jetzt ist die Reihe an uns, Cameraden!" rief er ihnen zu, indem er seinen langen Degen zog. Hierauf öffnete er die Barrière: warf sich entschlossen in das Gewühl und seine Leute folgten ihm mit Freudengeschrei.

Die Indianer sahen sich, was ihnen selten begegnet, zwischen zwei Feuern gefangen und genöthigt auf offenem Felde zu kämpfen.

Sie ließen sich aber nicht abschrecken, denn die Tapferkeit der Indianer ist unglaublich. Sobald sie sich eingeschlossen sahen, waren sie auch gefaßt lieber zu sterben als sich zu ergeben. Trotzdem sie weniger gut bewaffnet waren als ihre Feinde, hielten sie doch dem Sturme derselben wacker stand.

Dieses Mal hatten es aber die Rothhäute nicht mit Mexikanern zu thun, was sie bald genug inne wurden. Der Angriff der Franzosen war unwiderstehlich; sie brausten wie ein Gewitter gegen die Rothhäute an und trotz ihrer Entschlossenheit sahen sich letztere genöthigt zu weichen.

An Flucht war aber nicht zu denken; sie eilten daher, dem Rufe ihrer Häuptlinge folgend, die sich nicht begnügten selbst wacker zu kämpfen, sondern auch ihre Leute fortwährend anfeuerten, zurück in die Schlacht.

Jetzt artete der Kampf in eine unabsehbare entsetzliche Schlächterei aus; jeder war darauf bedacht zu tödten und fragte wenig darnach, ob er selbst unterliege, wenn er nur den Feind mit in's Verderben riß.

Valentin hatte zwar einen großen Theil seines

Lebens in der Wildniß zugebracht und häufige Begegnungen mit den Indianern gehabt, noch nie aber hatte er sie so erbittert und besonders so hartnäckig gesehen. Gewöhnlich, wenn sie Verluste erleiden, sieht man sie keineswegs einen Kampf suchen der ihnen keinen Vortheil bietet, im Gegentheile ziehen sie sich ungesäumt zurück und suchen ihr Heil in einer schnellen Flucht. Dieses Mal kämpften sie auf ganz verschiedene Weise und es hatte fast das Ansehen, als ob sie um so größere Ehre darin suchten, zu widerstehen, je weniger Wahrscheinlichkeit vorhanden war, daß sie siegen würden.

Der Graf, der seinen Gefährten, die er mit Worten und Geberden anfeuerte, stets voran war, suchte sich Mizcoatzin zu nähern, der immer noch sein schwarzes Pferd tummelte, durch seinen Heldenmuth die Seinigen begeisterte, und wahrscheinlich, wenn er auch das Glück des Kampfes nicht wenden konnte, denselben doch sehr lange auszudehnen versprach.

So oft ihn auch der Zufall dem Häuptlinge gegenüber stellte und er sich anschickte über ihn her zu fallen, drängte sich doch immer eine durch die Zufälligkeiten des Kampfes zurückgetriebene Menge zwischen ihn und seinen Gegner und machte seine Bemühungen zu Nichte.

Auch der Sachem war seinerseits bemüht, sich dem Grafen zu nähern, mit welchem sich zu messen er vor Begierde brannte, denn er war überzeugt, daß, sobald es ihm gelänge den Anführer der Bleichgesichter zu tödten, letztere von Schrecken erfaßt, das Schlachtfeld räumen würden.

Endlich wichen, wie auf ein gegebenes Zeichen, sowohl die Weißen als die Indianer einige Schritte zurück, wahrscheinlich um zu einem entscheidenden Zusammentreffen ihren Anlauf zu nehmen, und dabei traf es sich zum ersten Male im Verlaufe der Schlacht, daß sich der Graf und der Sachem gegenüber standen.

Die beiden Männer warfen sich funkelnde Blicke zu und fielen dann mit blinder Wuth über einander her.

Weder der eine noch der andere der beiden Gegner hatte ein Schießgewehr. Der Sachem schwang seine furchtbare Streitaxt und der Graf ließ seinen langen, bis an den Griff gerötheten Säbel über seinem Kopfe blitzen.

„Endlich!" rief der Graf mit kampfgieriger Miene aus.

„Elender Hund von einem Bleichgesichte," hohnlachte der Indianer, „Du bringst mir also selbst Deinen Scalp, damit ich ihn am Eingange meines Calli befestige!"

Sie standen nur zwei Schritt von einander entfernt und verschlangen sich mit den Blicken, während sie des günstigen Augenblickes harrten, um über einander herzufallen.

Als die Truppen sahen, daß ihre Anführer im Begriffe waren sich miteinander zu messen, eilten sie voll Ungestüm herbei um sie zu trennen und den Kampf von neuem zu beginnen. Aber Don Louis winkte seinen Gefährten mit gebieterischer Miene, nicht dazwischen zu treten, worauf die Abenteurer unbeweglich stehen blieben.

Mizcoaßin, der die edle und großmüthige That des Grafen verstand, befahl gleichfalls seinen Begleitern sich fern zu halten.

Die Rothhäute gehorchten.

Die Entscheidung hing nun von Don Louis und dem Sachem ab.

VI.

Wiedervergeltung.

Die beiden Gegner schienen sich einen Augenblick zu sammeln; hierauf sprang der Sachem plötzlich vor.

Der Graf blieb unbeweglich stehen: aber in dem Augenblicke, wo der Indianer an ihn herankam, faßte er blitzschnell mit der Linken das Pferd des Häuptlings bei den Nüstern, so daß es vor Schmerz wiehernd emporstieg, und stieß mit Gewandheit und Sicherheit dem Indianer seinen langen Degen in den Hals. Der Arm, welchen Letzterer erhoben hielt, sank kraftlos herab, seine Augen traten weit aus den Höhlen, aus der klaffenden Wunde sprang ein Blutstrahl und er rollte mit einem letzten Todesschrei zu Boden und wand sich wie eine Schlange.

Der Graf setzte ihm den Fuß auf die Brust und bohrte ihn mit dem Degen in die Erde.

Hierauf wandte er sich zu seinen Gefährten. "Vorwärts! Vorwärts!" rief er mit gewaltiger Stimme aus.

Die Abenteurer antworteten ihm mit einem jubelnden Hurrah und drangen wieder auf die Rothhäute ein.

Dieses Mal hielten letztere aber nicht Stand.

Der Tod Mizcoatzins, der einer ihrer angesehensten Sachem und ihr berühmtester Krieger war, erfüllte sie mit panischem Schrecken und sie entflohen nach allen Richtungen.

Jetzt begann eine echte Menschenjagd mit allen widrigen und abschreckenden Gräueln, die in ihrem Gefolge sind.

Die Indianer waren, wie schon gesagt, eingeschlossen; die Flucht war ihnen geradezu unmöglich.

Die von dem langen Kampfe erbitterten Abenteurer mordeten erbarmungslos ihre besiegten Feinde, die sie vergeblich anflehten.

Die Indianer liefen verzweiflungsvoll umher, denn hier trafen sie die scharfen Klingen, dort durchbohrten sie die Bajonette und da fielen sie unter die Hufe der Pferde, die eben so grausam wie ihre Herren und von dem Blutgeruche berauscht waren und sie mit Wuth zermalmten.

In der Mitte des unheilvollen Kreises, der sie enger und enger einschloß, häuften sich die Leichen an.

Endlich hatten die unglücklichen Rothhäute, deren Kraft und Muth sie zugleich verließ ihre Waffen weggeworfen und standen dicht geschaart, die Arme über der Brust gekreuzt mit der finstren und stillen Verzweiflung die ihrem Volke eigen ist da und erwarteten den Tod.

Schon längst hätte der Graf gewünscht, dem schrecklichen Blutbade ein Ende zu machen. Man hatte seinen Ruf zwar nicht mißachtet, seine Stimme ging aber im Jubelgeschrei der Sieger unter und verhallte ungehört.

Plötzlich aber blieben die Franzosen stehen, denn unwillkürlich erfüllte sie die stoische Ergebenheit der wackeren Feinde, die es verschmähten um Gnade zu flehen und sich anschickten würdig und ohne Schwäche wie ohne Prahlerei zu sterben, mit Bewunderung.

Jede edle That, wie jede edle Gesinnung findet einen Wiederhall im Herzen der Franzosen, jenes besonders ritterlichen Volkes.

Sie zauderten, sahen sich einander unschlüssig an und richteten ihre Bajonette in die Höhe.

Der Graf benutzte diese Pause, den Lichtblick der Barmherzigkeit, den Gott in die Seele der blutdürstigen Männer geworfen, und trat rasch, seine rothgefärbte Klinge schwingend, vor sie hin.

„Genug, Cameraden!" rief er aus, „genug, wir sind Soldaten und keine Henkersknechte oder Fleischer! Ueberlassen wir den Mexikanern alles was niederträchtig ist und bleiben wir, was wir immer gewesen, wackere großmüthige Männer: Gnade für jene Unglücklichen!"

„Gnade! Gnade!" riefen die Franzosen mit hoch geschwungenen Waffen.

In dem Augenblicke ging die Sonne von pur-

purnen Wolken umgeben, glänzend auf. Das vom Pulverdampfe erfüllte Schlachtfeld bot mit seinen Leichen und der in der Mitte stehenden unbewaffneten Handvoll Leute, die den Kreis ihrer von Blut und Pulverrauch bedeckten Feinde, welche ihnen mit blitzenden Augen und von Kampfgier glühenden Gesichtern gegenüber standen, trotzig ansahen, einen zugleich erhabenen und schrecklichen Anblick.

Der Graf steckte seinen Degen in die Scheide und näherte sich den Indianern langsamen Schrittes, die ihn ängstlich kommen sahen, denn sie hatten von dem was vor sich ging nichts verstanden.

Die Indianer sind unerbittlich und kennen keine Gnade. Das Recht der Wiedervergeltung ist in der Prairie das einzig gültige. So erbarmungslos die Rothhäute selbst sind, so wenig erwarten sie auch Mitleiden von Seiten ihrer Feinde und ertragen das harte Loos, welches ihnen der Sieger, wer er auch sein mag, auferlegt, ohne zu murren.

Die Abenteurer hatten die Waffen gesenkt und mit jener Sorglosigkeit und Wandelbarkeit die ihnen angeboren ist, bereits jeden Groll vergessen. Sie lachten und plauderten vergnügt mit einander.

Valentin und Curumilla waren zum Grafen gegangen.

„Was beabsichtigst Du zu thun?" fragte der Jäger.

„Hast Du es nicht errathen?" antwortete Louis, „ich begnadige sie."

„Alle?"

„Freilich!" erwiederte er verwundert.

„Du verzeihst ihnen also?"

„Ja und gebe ihnen die Freiheit wieder."

„Hm!" brummte der Jäger.

„Hast Du vielleicht etwas einzuwenden?"

„Vielleicht."

„Erkläre Dich näher."

„Wenn Du die Indianer begnadigst, so ist das gut und wird unter den Stämmen einen um so günstigeren Eindruck machen als die Rothhäute ein vortreffliches Gedächtniß haben und sich der derben Lehre, die sie heute erhalten, lange erinnern werden."

„Also?"

„Aber," fuhr der Jäger fort, „jene Männer sind nicht alle Indianer."

„Was willst Du damit sagen?"

„Daß verkleidete Mexikaner darunter sind."

„Bist Du dessen gewiß?"

„Ja. Der Mann der die Reiter anführte, mit deren Hülfe ich Dir so wirksamen Beistand leisten konnte, hat mir es selbst gesagt."

„Sind jene Reiter nicht Apachen?"

„Keineswegs lieber Freund; es sind Weiße und Civicos obendrein, nämlich Männer welche die Hacienderos bezahlen und halten um den Indianern nachzustellen. Wie Du siehst erfüllen sie ihre Pflicht sehr gewissenhaft. Du darfst Dich übrigens nicht wundern und kennst bereits die Landessitte gut genug um es ganz natürlich zu finden."

Louis stand nachdenklich da.

„Was Du mir da sagst nimmt mich sehr Wunder," murmelte er.

„Warum denn?" versetzte der Jäger sorglos, „es ist im Gegentheil sehr einfach. Gegenwärtig handelt es sich aber nicht um jene Retter, die vorläufig nicht in Betracht kommen."

„Natürlich, ich bin ihnen im Gegentheil Dank schuldig."

„Den sie Dir erlassen; und ich auch. Wir haben es also jetzt nur mit denen zu thun die dort stehen."

„Du bist also gewiß daß Weiße darunter sind?"

„Vollkommen."

„Aber wie finden wir sie heraus?"

„Das wird Curumilla übernehmen."

„Was Du mir sagst ist doch seltsam; zu welchem Zwecke haben sie sich mit unseren Feinden verbündet?"

„Das werden wir bald erfahren."

Sie setzten ihren Weg fort und hatten die Gefangenen bald erreicht.

Valentin gab Curumilla einen Wink. Der Häuptling kam herbei und unterwarf die Indianer, einem nach dem andern einer strengen Prüfung, deren Ausgang der Graf und der Jäger gespannt erwarteten. Der Araucanische Häuptling war kalt und finster wie gewöhnlich und keine Muskel seines Gesichtes bewegte sich.

Als sie sich so streng gemustert sahen, erschraken die Indianer unwillkürlich. Sie zitterten beim Anblick des Mannes der stumm und unbewaffnet vor ihnen stand und dessen durchdringender Blick den Grund ihres Herzens zu erforschen schien.

Curumilla deutete mit dem Finger auf einen der Indianer.

„Einer!" sagte er und ging weiter.

„Tretet heraus!" sagte Valentin zu der Rothhaut.

Derselbe trat zur Seite.

Curumilla bezeichnete deren allmählich neun und kehrte dann zu seinen Freunden zurück.

„Ist es alles?" fragte Valentin.

„Ja," antwortete er.

„Entwaffnet jene Männer und bindet sie," befahl der Graf.

Es geschah.

Don Louis trat jetzt zu den Apachen.

„Meine Brüder können jetzt ihre Waffen zurücknehmen und wieder auf ihre Pferde steigen," sagte er; „sie sind wackere Krieger, die Bleichgesichter erkennen ihren Muth an und achten sie; meine Brüder werden in ihre Dörfer zurückkehren und den Aeltesten und Weisen ihres Volkes sagen, daß die Weißen welche sie besiegt haben nicht so grausam sind, wie die unbarmherzigen Doris-Mexikaner sondern wünschen, daß zwischen ihnen und den Apachen das Beil so tief vergraben werde, daß man es unter zehntausend Monden nicht wird wiederfinden können."

Ein Indianer trat vor, verneigte sich würdevoll und sagte:

„Starkherz ist ein gefürchteter Krieger; er gleicht

während des Kampfes dem Jaguar, verwandelt sich aber nach erfochtenem Siege in eine Antilope. Die Worte die sein Mund athmet sind ihm vom großen Geiste eingegeben, der Wacondah liebt ihn. Mein Volk war durch die Yoris hintergangen worden, Starkherz ist großmüthig, er hat verziehen. Künftig soll zwischen den Apachen und den Kriegern Starkherzens Frieden bestehen."

Die Rothhäute hatten ihrer Gewohnheit gemäß, mit dem poetischen Gefühle das ihnen angeboren ist, Don Louis den Beinamen Starkherz beigelegt.

Nach der Rede des Indianers, der ein angesehener Häuptling war und sich „der weiße Bisam" nannte, verkehrten die Abenteurer und die Apachen freundschaftlich mit einander. Sie erhielten ihre Waffen und ihre Pferde zurück und die Reihen öffneten sich um ihnen den Austritt zu gestatten.

Als sie im Walde verschwunden waren, ließ auch El Buitre seine Reiter herumschwenken und entfernte sich ebenfalls.

Don Louis wollte anfangs den Bundesgenossen, der ihm im Kampfe so wesentliche Dienste geleistet hatte, zurückhalten, aber Valentin ließ es nicht zu.

„Laß jene Männer gehen, Bruder," sagte er, „Du darfst scheinbar keine Beziehungen zu ihnen haben."

Don Louis stand von seinem Wunsche ab.

„Jetzt," fuhr Valentin fort, „wollen wir beenden was wir so gut begonnen haben."

„Das ist nicht mehr wie billig," antwortete der Graf.

Es wurde sofort Befehl gegeben die Leichen zu begraben und die Verwundeten zu verbinden.

Die Franzosen hatten schwere Verluste erlitten. Zehn Mann waren getödtet und ohngefähr zwanzig verwundet. Obgleich die Mehrzahl der Wunden nicht tödtlich war, blieb es doch ein theuer erkaufter Sieg und eine ernste Warnung für die Zukunft.

Zwei Stunden später versammelte sich, beim Klange der Hörner, die Compagnie auf dem Marktplatze des Missionsdorfes. Don Louis, Valentin und drei Officiere saßen in der Mitte desselben mit ernster Miene an einem Tische, auf welchem verschiedene Papiere lagen.

Don Cornelio war an einem Nebentische mit Schreiben beschäftigt.

Der Graf hatte seine Cameraden versammelt und unter seinem Vorsitze ein Kriegsgericht ernannt um die Gefangenen abzuurtheilen.

Don Louis erhob sich unter feierlichem Schweigen.

„Man führe die Gefangenen her," sagte er.

Die von Curumilla früher bezeichneten Männer traten, von einer Anzahl Abenteurer geführt, auf. Man hatte ihnen ihre Fesseln abgenommen. Sie trugen zwar noch die Kleidung der Apachen-Krieger, doch hatte man sie genöthigt sich zu waschen um die Malerei, welche sie verstellte zu entfernen.

Die Leute schienen weniger Reue zu empfinden, daß ihr Betrug entdeckt worden, als sich zu schämen, auf solche Weise zur Schau gestellt zu werden.

„Bringt den letzten Gefangenen her," befahl Don Louis.

Auf diesen Befehl sahen sich die Abenteurer verwundert an, denn die neun Mexikaner waren zugegen und sie wußten nicht was der Graf sagen wolle.

Nach einiger Zeit verwandelte sich ihr Erstaunen in Entrüstung und ein dumpfes Murren durchlief wie ein Lauffeuer ihre Reihen.

Der Oberst Flores war eben aufgetreten; er erschien unbewaffnet und mit entblößtem Haupte, seine Miene drückte aber Trotz und Keckheit aus und hatte einen unheimlichen Anflug von Spott, der ihm ein unbeschreiblich boshaftes Ansehen gab.

Curumilla begleitete ihn.

Der Graf winkte, worauf die Ruhe wieder eintrat.

„Was bedeutet das?" fragte der Oberst in hochmüthigem Tone.

Don Louis fiel ihm in's Wort.

„Still!" sagte er in festem Tone, indem er ihn durchdringend ansah.

Das Wesen des Grafen schüchterte den Obersten unwillkürlich ein und er schwieg erröthend.

Don Louis fuhr fort:

„Meine Brüder und Cameraden wir sind durch die Umstände unglücklicher Weise in eine besonders schwierige Lage gerathen. Von allen Seiten umgiebt uns Verrath. Man hat uns durch Lügen und Falschheit hier in die Wildniß gelockt, wo wir, von aller Hülfe fern, auf uns selbst angewiesen sind und nur auf unseren Muth rechnen dürfen um uns zu retten. Gestern hat der General Don Sebastian Guerrero, da er des Erfolges der schändlichen Pläne gewiß zu sein glaubte, die er bereits seit langer Zeit gegen uns im Schilde führt, endlich die Maske fallen lassen. Er erklärt uns für geächtet und schmäht uns mit dem schändlichen Namen Räuber. Kaum zwei Stunden nach seiner Entfernung werden wir von den Indianern überfallen und unsere Feinde hatten ihre Maßregeln so gut getroffen, daß wenig fehlte, so hätten sie uns besiegt. Aber Gott wachte über uns und hat uns nochmals gerettet! Wollt Ihr jetzt wissen wer der Mann war, der dem Generale als rechter Arm gedient und die schändlichen Betrügereien ersonnen hat deren Opfer wir geworden sind? Der Mann, fuhr er fort, indem er mit unaussprechlicher Verachtung auf den Obersten deutete, ist derselbe Elende, der sich seit unserer Ankunft in Guaymas an unsere Sohlen geheftet und uns nicht wieder verlassen hat; der sich das Ansehen gegeben hat uns zu lieben und zu beschützen, um uns unsere Geheimnisse abzulauschen und uns in die Hände unserer Feinde zu liefern. Es ist derselbe Verworfne, den wir wie einen Bruder behandelt, und fortwährend mit der größten Rücksicht umgeben haben. Es ist jener Mensch dort, der sich den Titel eines Obersten anmaßt, und sich Franzisco Flores nennt, was Beides erlogen ist, denn er ist ein namenloser Mestize, mit dem Beinamen el Garrucholo, Ex=Lieutenant El Buitre's, des grausamen Räubers, der eine Truppe Solterdores befehligte, die bereits seit mehren Jahren den nördlichen Theil Mexiko's verheert. Seht nur wie er jetzt, wo er sich erkannt sieht, zittert, er ist sich bewußt, daß die Stunde der Vergeltung für ihn geschlagen hat.

Wirklich hatte der Räuber, als er sich vor aller Augen so schonungslos entlarvt sah, seine Keckheit verloren, und ein widriger Ausdruck von Furcht entstellte seine Züge.

„Solche Menschen," fuhr der Graf fort, „entblödet sich die Regierung nicht, gegen uns zu benutzen, und dabei nennen sie uns Räuber. Gut, wir wollen ihre Schmähung annehmen, Brüder, und die Räuber, welche in unsere Hände gefallen sind, nach dem summarischen Verfahren richten, das bei Räubern gebräuchlich ist.

Die Abenteurer nahmen die Worte ihres Anführers mit lautem Beifall auf. Alle erkannten übrigens die Wahrheit und Wichtigkeit seiner Rede an. In der bedenklichen Lage, in welcher sie sich befanden, durften sie keine Schonung kennen, und die Barmherzigkeit wäre nur verwerfliche Schwachheit gewesen. Nur Keckheit und Energie konnte sie retten, und sie mußten ihre Feinde so schrecken, daß sie sich dadurch genöthigt sahen, mit ihnen zu unterhandeln. Der Graf setzte sich wieder.

„Don Cornelio," sagte er, verleset die Anklagen, die gegen dem Gefangenen vorliegen.

Der Spanier las hierauf eine lange Anklage die durch mehre Briefe beglaubigt war, welche Don Francisco entweder geschrieben oder erhalten hatte und unter denen sich namentlich mehre vom Generale Guerrero befanden, die seine Schuld unwiderleglich darthaten. Zum Schluß berichtete Don Cornelio die Unterredung welche zwischen Don Francisco, El Buitre und dem Apachenhäuptlinge, am verflossenen Abende stattgefunden hatte.

Die Abenteurer hörten die Aufzählung der vielen Verbrechen und Fälschereien mit der größten Ruhe und unter dem feierlichsten Schweigen an.

Als Don Cornelio geendet hatte, wendete sich der Graf zu dem Obersten.

„Erkennt Ihr die Wahrheit der gegen Euch erhobenen Anklagen an?"

Der Räuber richtete sich auf; sein Entschluß war gefaßt.

„Warum sollte ich leugnen," sagte er, „es ist Alles wahr."

„Ihr gesteht also, daß Ihr uns vom ersten Augenblicke an, wo Ihr in unserer Mitte waret, hintergangen habt?"

„Canarios!" sagte er, spöttisch lächelnd, „Ihr irrt, Senor Condé, denn ich habe Euch schon verrathen, als ich Euch noch nicht kannte."

Bei diesem schamlosen Bekenntnisse konnten die Anwesenden ihren Abscheu nicht verhehlen.

„Wundert Ihr Euch etwa darüber?" fuhr der Räuber frech fort; „und warum denn? Ich finde mein Benehmen sehr natürlich. Was seid Ihr Fremdlinge uns Mexikanern? Ihr seid Blutegel, die unser Land nur betraten, um uns das beste Blut auszusaugen, Euch nämlich an unseren Schätzen zu bereichern und unserer Anwesenheit zu spotten, unsere Sitten und Gebräuche lächerlich zu machen, und uns Eure Ansichten, das heißt, Eure europäische Civilisation aufzuzwingen. Was fragen wir darnach? Mit welchem Rechte eignet Ihr Euch an was uns theuer ist? Ihr seid Raubthiere und alle Mittel sind gut, die dazu dienen Euch zu vertilgen. Bei hellem Tage sind wir nicht die Stärksten, dafür müssen wir die Nacht benutzen. Die Ehrlichkeit und Offenheit würde uns verderben, wir nehmen daher unsre Zuflucht zur Lüge und Hinterlist. Wer von uns Beiden hat recht, wer unrecht? Wer darf sich erkühnen zwischen uns zu richten? Niemand! Ich bin in Eure Hände gefallen und Ihr werdet mich tödten. Ich werde von Euch gemordet aber nicht verurtheilt sein; denn Ihr habt nicht das Recht Euch zu meinen Richtern aufzuwerfen. Was wollt Ihr mehr? Handelt nach Eurem Belieben, es gilt mir gleich. Wer den Wind säet wird den Sturm ernten; ich habe die Falschheit gesäet und den Verrath geerntet, das ist nicht mehr wie billig. Ich werde sterben obgleich Ihr nicht das Recht habt mir das Leben was ich verwirkt habe zu nehmen; Euer Richterspruch bleibt ein Mord ich wiederhole es."

Nachdem er also gesprochen kreuzte er stolz die Arme über der Brust und blickte die Anwesenden mit kecker Miene an.

Die Abenteurer konnten nicht umhin die wilde Entschlossenheit des Mannes zu bewundern, der bisher nur ein kriechendes und einschmeichelndes Benehmen gezeigt und sich ihnen plötzlich unter so veränderter Gestalt gegenüber stellte. Indem er mit so rücksichtsloser Offenheit sprach, hatte sich der Räuber zu neuem Ansehen erhoben. Seine Falschheit erschien weniger verwerflich und er flößte den tapferen Männern, bei welchen Muth und Entschlossenheit zu den vornehmsten Tugenden gehören, eine Art von Theilnahme ein.

„Ihr wollt Euch also nicht vertheidigen?" sagte Don Louis traurig.

„Mich vertheidigen?" antwortete er verwundert „weil ich meiner Pflicht gemäß gehandelt habe, und wenn Ihr die Dummheit begeht, mich zu begnadigen, noch ferner ebenso handeln werde? Was fällt Euch an, Caballeros das wäre ja der größte Unsinn! Wenn ich mich übrigens vertheidigte, so würde ich Euch dadurch das Recht zugestehen mich zu richten, welches ich im Gegentheil läugne. Also glaubt mir, macht je eher je lieber ein Ende, das wird für beide Theile das Beste sein."

Der Graf stand auf, entblößte sein Haupt und wandte sich zu den Abenteurern mit folgenden Worten:

„Brüder und Cameraden ich frage Euch auf Euer Gewissen und bei Eurer Ehre, ist jener Mann schuldig?"

„Ja!" antworteten die Abenteurer in dumpfem Tone.

„Welche Strafe hat jener Mann verdient?" fuhr der Graf fort.

„Den Tod!" antworteten die Abenteurer.

Da wandte sich der Graf zu dem Obersten und sagte:

"Don Franzisco Flores, oder El Garrucholo, Ihr seid zum Tode verurtheilt."

"Dank," antwortete er mit einer anmuthigen Verbeugung.

"Aber," fuhr der Graf fort, "da Ihr des Verrathes überwiesen seid und daher den Tod der Verräther sterben müßt, nämlich von hinten erschossen werden, sollt Ihr aus Rücksicht für die mexikanische Uniform, die Ihr tragt und welche wir nicht in Eurer Person schänden wollen, zuvor degradirt werden."

Der Räuber zuckte die Achseln.

"Was kümmert es mich?" sagte er.

Auf einen Wink des Grafen, trat ein Unterofficier aus den Reihen und vollzog die Degradation.

El Garrucholo ertrug diese furchtbare Demüthigung mit Fassung. Der Räuber hatte die Oberhand über den Caballero gewonnen, und da ihm wirklich, wie er es erklärt hatte, wenig daran lag, ob er degradirt werde, das heißt soviel wie entehrt sei, lag ihm überhaupt an seiner Ehre nichts.

Als der Unterofficier wieder in Reih und Glied getreten war, wandte sich der Graf zu dem Verurtheilten und sagte:

"Ihr habt zehn Minuten Zeit, um Eure Seele Gott zu empfehlen. Möge er Euch gnädig sein. Von den Menschen habt Ihr hienieden nichts mehr zu hoffen."

Der Räuber schlug ein schallendes krampfhaftes Gelächter auf.

„Ihr seid verrückt!" rief er aus; „was habe ich mit Gott, wenn es ja einen Solchen giebt, zu schaffen? Canarios! Ich habe ihm nichts zu bitten. Lieber kann ich mich dem Teufel empfehlen in dessen Gewalt ich ja ohnedem komme, wenn die Mönche die Wahrheit sagen."

Bei dieser entsetzlichen Gotteslästerung wandten sich die Abenteurer voll Abscheu ab.

El Garrucholo schien es nicht zu bemerken.

„Ich habe nur eine einzige Gnade zu erbitten," sagte er.

„Redet," antwortete der Graf, der sich bemühte, seinen Widerwillen zu bezwingen.

„An meinem Halse trage ich ein kleines Futteral von Sammt an einem stählernen Kettchen. Es enthält eine heilige Reliquie, die mir meine Mutter gegeben hat, weil sie mir, wie sie sagte, Glück bringen würde. Ich habe dieselbe von meiner Geburt an getragen. Ich wünsche, daß sie mit mir beerdigt werde, vielleicht wird sie mir dort, wohin ich gehe, nützlich sein."

„Es soll geschehen wie Ihr wünscht," antwortete der Graf.

„Ich danke!" sagte er sehr zufrieden.

Es ist eine seltsame Eigenthümlichkeit des mexikanischen Charakters, daß das Volk, obgleich es weder Glauben noch Religion hat doch so leichtgläubig und abergläubisch ist. Es ist ein in der Kindheit stehendes Volk, das zu lange in der Sclaverei gelebt und zu plötzlich in Freiheit gesetzt worden ist und daher keine Zeit gehabt hat weder zu vergessen noch zu lernen.

„Das Piquet!" befahl der Graf. Acht Mann, unter dem Befehle eines Unterofficiers, traten aus den Reihen; der Bandit drehte den Soldaten den Rücken zu und kniete nieder.

„Angelegt, Feuer!"

El Garrucholo fiel, von hinten erschossen, lautlos nieder, er war todt. Man warf ein Zarapé über seine Leiche.

„Jetzt," sagte der Graf kaltblütig; „ist die Reihe an den Anderen!"

Man führte die neun Gefangenen an den Tisch, sie zitterten, denn das summarische Verfahren der Abenteurer erfüllte sie mit Schrecken.

Plötzlich erhob sich in geringer Entfernung ein großes Geräusch begleitet von Geschrei und Verwünschungen; zwei Frauen erschienen, sie ritten prächtige Pferde und jagten mit verhängtem Zügel bis in die Mitte des Platzes, wo sie Halt machten.

Die beiden Frauen waren Dona Angela und ihre Zofe Violanta.

Dona Angelas Haar war aufgelöst, ihr Gesicht war wahrscheinlich von dem schnellen Ritte erhitzt und ihre Augen sprühten Feuer.

Eine Weile blieb sie vor der Menge, die sie verwundert ansah, unbeweglich stehen; plötzlich aber schien sie einen entscheidenden Entschluß zu fassen, sie erhob stolz den Kopf und redete mit durchdringender Stimme die Abenteurer, welche ihre Schönheit und Unerschrockenheit mit Bewunderung erfüllte, folgendermaßen an:

„Hört, ich Dona Angela Guerrero, Tochter des Gouverneurs des Staates Sonora erscheine hier, um gegen den Verrath, dessen Opfer Ihr seid und den mein Vater an Euch begeht, feierlichen Protest einzulegen. Don Louis, Anführer der französischen Räuber, ich liebe Dich! Willst Du mich zur Frau haben?"

Ein stürmischer Beifall nahm die eigenthümliche Rede auf.

Don Louis trat langsam zu dem jungen Mädchen, als zöge ihn ihr Blick unwiderstehlich an und sagte:

„Komm, wenn Du Dich nicht fürchtest, Dich dem Unglücke zu verbinden!"

Das junge Mädchen stieß einen wilden Freudenschrei aus, ließ die Zügel ihres Pferdes los und stürzte sich mit leidenschaftlicher Hast in die Arme des Grafen, der sie heftig an sein Herz drückte.

Nach einer Weile erhob er stolz den Kopf, hielt sie noch fest umschlungen und sagte indem er sich mit herrschendem Blicke umsah:

„Hier seht Ihr die Frau des Räuberhauptmanns, Brüder, liebt sie wie eine Schwester sie soll unser Schild und unser Schutzengel sein!"

Der Jubel der Abenteurer läßt sich nicht schildern, es war ein Taumel, ein wahrer Rausch. Der sonderbare Auftritt erschien ihnen wie ein Traum.

Der Graf wandte sich jetzt zu den Gefangenen, die ihr Urtheil zitternd erwarteten.

„Geht!" sagte er zu ihnen, „erzählt was Ihr gesehen habt, Dona Angela begnadigt Euch."

Die Gefangenen entfernten sich unter Danksagungen und Segenswünschen, denn nachdem, was sie gesehen hatten, hielten sich die armen Teufel für verloren.

Valentin trat zu dem jungen Mädchen.

„Sie sind ein Engel," sagte er mit leiser Stimme zu ihr, „werden Sie ausharren?"

„Ich bin sein, bis an das Grab," antwortete sie mit fieberhafter Aufregung.

―――

VII.

Guetzalli.

Wir würden manche Umstände übergehen, manche Thatsachen verschweigen, wenn wir einen Roman schrieben; da wir aber unglücklicher Weise nur Geschichtschreiber sind, sehen wir uns als solche zu der gewissenhaftesten Genauigkeit verpflichtet.

In dem ersten Theile unserer Geschichte haben wir erzählt, wie der Graf von Lhorailles an der Spitze von hundertundfunfzig Franzosen, welche er in der Colonie Guetzalli ausgehoben, die er begründet hatte, sich verleiten ließ die Indianer bis in die große Wüste del-Nort zu verfolgen, wie er sich dort mit seinen Leuten in jenem Sandmeere verirrte und sich, nachdem seine wackersten Cameraden neben ihm gefallen waren, in einem Anfalle der Calentura erschoß, und wie, kaum eine Stunde nach seinem Tode die wenigen Franzosen, die dem furchtbaren Elende widerstanden hatten, so glücklich waren, die Wüste zu verlassen und nach der Colonie zurückzukehren.

Die in Guetzalli zurückgebliebenen Franzosen sahen die schwachen Ueberreste der Truppe mit Schrecken zurückkehren.

Die Nachricht von dem Tode des Grafen von Lhorailles entmuthigte sie vollends. Als sie sich verlassen, ohne Führer, so fern von ihrer Heimath und in einem feindlichen Lande sahen, wo sie sich den Angriffen der Apachen fortwährend ausgesetzt wußten, überließen sie sich der Verzweiflung und gingen ernstlich mit der Absicht um, die Colonie zu verlassen und sich einzuschiffen um nach ihrem Vaterlande zurückzukehren.

In der That war der Graf von Lhorailles nicht nur der Begründer sondern auch die Seele der Colonie gewesen, nach seinem Tode fehlte es seinen Gefährten sowohl an Muth als an Energie sein Werk zu vollenden. Sie kannten übrigens seine Pläne nur unvollkommen, denn er hatte unter den Leuten, die er um sich versammelte, keinen Vertrauten. Er wollte im ausschließlichen Besitze der Macht bleiben, und da er ohnedem nicht sehr mittheilsamer Natur war, kannte Niemand seine Absichten und Pläne.

Die Franzosen, die ihm folgten, waren zum größten Theile habgierig und von dem Verlangen nach Gold erfüllt, das so viele bestimmt hatte, Alles zu verlassen um nach Amerika überzusiedeln. Sie sahen sich in ihren Erwartungen bitter getäuscht, als sie der Graf bei ihrer Ankunft nicht nach den Gold und Silberminen, aus welchen sie mit vollen Händen zu schöpfen hofften, sondern nach der mexikanischen Grenze führte und dort nöthigte, das Land anzubauen; mit einem Worte eine ackerbauende Colonie gründete.

Als der erste Augenblick der Bestürzung vorüber war, fingen die meisten an, dem eigenem Triebe folgend, die Vorbereitungen zu ihrer Abreise zu treffen. Jedermann war im Stillen froh, einem Exil zu entgehen das ihnen nur Gefahren doch keine Vortheile bot.

Es war um das Bestehen der Colonie geschehen; glücklicher Weise findet sich überall, wo eine Anzahl Franzosen beisamen sind, sobald der unentbehrliche Anführer verschwindet, plötzlich ein anderer, dem, im Drange der Umstände oft erst selbst, so gut wie seinen Gefährten, die innenwohnende Befähigung klar wird.

Unter den Colonisten von Guetzalli befand sich ein junger Mann von kaum dreißig Jahren, der eine rege Phantasie und ungewöhnliche Fähigkeiten besaß. Dieser junge Mann, Namens Charles de Laville hatte Europa mehr aus einer geheimen Neugierde und inneren Unruhe verlassen, als aus dem Wunsche, sich die hochgerühmten Schätze San Franziscos anzueignen.

Er war mit seinem Bruder, der älter und von ernsterem Charakter war wie er, nach jener Stadt gekommen und hatte zufällig dort den Grafen von Lhorailles kennen gelernt. Der Graf übte, vielleicht ohne es zu wissen, einen unwiderstehlichen Einfluß auf diejenigen aus, die ihn selbst nur flüchtig kennen lernten. Als er seine Truppe anwarb, gelang es ihm ohne Mühe Charles de Laville zu gewinnen, der ihm trotz der weisen Ermahnungen seines Bruders folgte.

Der Graf, der ein Menschenkenner war, hatte den ehrlichen, offenen und uneigennützigen Sinn Charles de Lavilles richtig erkannt. Er war auch der einzige von seinen Gefährten, mit welchem er sich zuweilen herbeiließ rückhaltlos zu reden und ihm einen Theil seiner Pläne mitzutheilen.

Er wußte, daß der junge Mann sein Vertrauen nie mißbrauchen, sondern ihm im Gegentheile nach Kräften beistehen würde.

Als der Graf von Lhorailles im Begriffe war den unheilvollen Zug anzutreten, von dem er nicht wiederkehren sollte, welchem sich, nebenbei gesagt, Charles de Laville hartnäckig widersetzt hatte, übergab ihm der Graf während seiner Abwesenheit die Verwaltung und Leitung der Colonie, denn er war überzeugt daß dieselbe unter seiner Hand nur gedeihen könne.

De Laville nahm diesen Beweis von Vertrauen nur widerstrebend an, es war für einen so jungen, unerfahrnen Mann eine schwere Pflicht, eine so unausgesetzte und scharfe Aufsicht zu führen, was bei solchen Menschen, denen jeder, auch der geringste Zwang unerträglich war, doppelt nothwendig schien. Fügten sie sich doch selbst dem Willen des Grafen nur unwillig, obwohl sie ihn achteten und fürchteten.

Indessen gelang es Charles de Laville wider Erwarten und vielleicht gegen seinen Wunsch, in kurzer Zeit und ohne Mühe sich nicht nur den unbedingten Gehorsam, sondern sogar die Neigung seiner Gefährten zu erwerben.

Vermöge der Gewalt, die er sich auf solche Weise anzueignen verstanden hatte, war es ihm auch möglich, ein wenig Ordnung in Guetzalli herzustellen, als die Ueberreste der Truppe des Grafen dorthin zurückkehrten. Er sprach seinen Gefährten Muth zu und traf seine Maßregeln, um einem wahrscheinlichen Ueberfalle der Apachen zu begegnen.

Er ließ den ersten Sturm des Schmerzes vorübergehen; ließ den zu großen Zorn des Einen, und die nicht minder übertriebenen Befürchtungen des Anderen austoben, und als er bemerkte, daß die große Muthlosigkeit, welche die Colonisten bewog, einen schnellen Rückzug anzutreten, ihrem Urtheile wieder einige Klarheit verliehen hatte, berief er sie zu einer allgemeinen Versammlung.

Dieselben folgten bereitwillig seinem Rufe und versammelten sich in dem geräumigen Hofe, der vor dem Hauptgebäude lag, das früher dem Grafen zur Wohnung gedient hatte.

Nachdem sich de Laville überzeugt hatte, daß alle Colonisten versammelt seien, und seinen Mittheilungen gespannt entgegensähen, bat er um eine kurze Aufmerksamkeit und redete zu ihnen, wie folgt:

„Meine Herren," hub er mit dem Redeflusse, den er in hohem Grade besaß, an, „ich bin der Jüngste, und wahrscheinlich Unerfahrenste von uns Allen. Es kommt mir mithin eigentlich nicht zu, jetzt das Wort zu ergreifen, da es sich um so ernste und wichtige Angelegenheiten handelt. Indessen berechtigt mich vielleicht das Vertrauen, welches der Graf de Lhorailles so freundlich war mir zu schenken, zu dem Schritte den ich heute wage."

"Redet! redet! Ihr seid jenes Vertrauens vollkommen würdig!" riefen die Colonisten ungestüm aus.

"Bei diesen ermuthigenden Worten, lächelte der junge Mann sanft und fuhr fort:

"Ohne Zweifel hat uns ein großes Unglück betroffen, und eine große Zahl unserer Gefährten ist in der Wüste del=Nort elend umgekommen; auch der Graf von Lhorailles, unser Anführer, der uns hergebracht hat ist unterlegen. Es ist, ich wiederhole es, für uns und die Zukunft der Colonie überhaupt, ein schwerer Verlust, und ein großes Unglück, daß jener löwenherzige, hochbegabte Mann sterben mußte, an dessen Geschick wir das unsrige geknüpft haben. Ist aber das Unglück, wenn auch furchtbar, unabwendlich? Sollen wir, in Folge dieses Todesfalles den Muth verlieren, und das kaum begonnene Werk kleinmüthig aufgeben? Ich glaube nicht, und weiß, daß Ihr ebenso denkt."

Bei diesen Worten ließ sich leises Murren hören; der junge Mann ließ seinen ruhigen, klaren Blick über die Versammlung schweifen; wie durch einen Zauber trat wieder Ruhe ein.

"Nein," fuhr er mit Nachdruck fort, "es ist nicht

Eure Ansicht! Jetzt steht Ihr, ohne es zu wissen, noch unter dem Einflusse der furchtbaren Catastrophe, die über uns hereingebrochen ist; die Muthlosigkeit hat sich Eurer bemächtigt! Das mußte so kommen; bald werdet Ihr aber bedenken, was das Resultat der That, die Ihr beabsichtigt, sein wird, und welche Schmach für Euch daraus entspringt! Wie! Zweihundert Franzosen, das heißt die tapfersten Leute, die es giebt, wollen ihre Posten verlassen, und vor dem Tode fliehen, den ihnen die Pfeile und Lanzen der Apachen, welche sie zurückzuschlagen und zu besiegen verpflichtet sind, bereiten könnte! Was sollen die Mexikaner denken, die bisher eine so hohe Meinung von Euch hatten? Was werden Eure Brüder sagen, mit denen Ihr nach Californien ausgewandert seid? In der Meinung Aller werdet Ihr Euren Ruf und Eure Ehre verloren haben; denn Ihr würdet nicht nur Eure Pflicht versäumt haben, sondern auch nicht verstanden haben, in diesen wilden Ländern, Euren Namen und Ruhm als Franzosen, auf den Ihr doch so stolz seid, aufrecht zu erhalten!"

Bei diesen strengen, in jenem eindringlichen Tone gesprochenen Worten, der besonders geeignet ist Eindruck auf die Masse zu machen, fingen die Colonisten unwillkürlich an, die Sache von einem anderen Gesichtspunkte zu betrachten, und sich innerlich ihrer Muthlosigkeit zu schämen. Doch waren sie noch nicht bekehrt, denn bei Alledem blieb ihre Lage die alte; das heißt äußerst bedenklich. Es entstand daher ein tumultarisches Geschrei, denn Jedermann wollte seine

Ansicht vortragen und seine Meinung geltend machen, wie es bei Volksversammlungen gewöhnlich zu gehen pflegt.

Endlich gelang es einem Colonisten mit großer Mühe, sich Gehör zu verschaffen und er antwortete dem jungen Manne:

„Was Ihr sagt, Herr Charles, ist nicht ganz unwahr, doch können wir nicht in unserer jetzigen Lage verharren, die mit jedem Augenblicke schlimmer wird, und bald unhaltbar werden muß. Was giebt es dagegen für ein Mittel?"

„Das Mittel ist leicht zu finden," erwiederte der junge Mann lebhaft, „muß ich Euch erst darauf aufmerksam machen?"

„Ja, ja!" riefen Alle.

„Wohl, es sei, ich bin es zufrieden. Hört mich also an."

Es entstand sofort das tiefste Schweigen.

„Wir sind zweihundert kräftige, entschlossene und einsichtsvolle Männer; können wir nicht aus unserer Mitte einen Anführer wählen, der unseres Vertrauens würdig ist? Wir haben denjenigen verloren, der uns bisher leitete, ist es deshalb gewiß, daß ihn Niemand ersetzen kann? Es würde thöricht sein, das zu glauben. Der Graf von Lhorailles war nicht unsterblich, wir mußten früher oder später darauf gefaßt sein, ihn zu verlieren; unglücklicher Weise ist der Fall eher eingetreten, als wir es vermutheten. Ist das ein Grund niedergeschlagen und muthlos zu werden? Nein, erheben wir uns im Gegentheil, richten wir uns auf, fassen wir Muth, und erwählen wir denjenigen unter uns zu unserem Anführer, der uns wegen seiner Offenheit und Umsicht das meiste Vertrauen einflößt. Ein solcher Mann ist unter uns leicht zu finden. Auf, Cameraden, nicht länger gezaudert! Genug der Niedergeschlagenheit, stimmen wir lieber stehenden Fußes ab; sobald unser Anführer gewählt und von Allen anerkannt ist, werden wir weder Gefahren noch Leiden mehr fürchten, denn wir haben ein Haupt uns zu leiten und einen Arm uns zu stützen."

Die letzten Worte steigerten den Jubel und die Begeisterung der Colonisten auf's Höchste.

Der Charakter der Franzosen ist also beschaffen: ein Nichts giebt ihnen den Muth zurück, verscheucht die Wolken an ihrem Himmel und läßt sie eine sorgenfreie herrliche Zukunft ahnen.

Die Colonisten fingen an, sich zu Dreien oder Vieren zusammen zu finden, worauf man sich eifrig berieth welchen Anführer man wählen wolle.

Während dieser Zeit war de Laville scheinbar theilnahmlos gegen das was vor sich ging, zurück in das Innere des Hauses getreten und ließ seinen Cameraden vollkommene Freiheit nach Gutdünken zu handeln.

Wir schalten hier ein, daß der Rath welchen der junge Mann ertheilt hatte, vollständig uneigennützig von seiner Seite war. Er hatte keineswegs die Absicht die schwere Bürde eines Ansehens auf sich zu laden, das ihm nicht verlockend erschien. Als er die Franzosen aufforderte einen Anführer zu wählen, dachte er nur daran den Untergang der Colonie, die kaum seit einem Jahre begründet war, zu verhüten. Die mit Umsicht eingeleiteten Arbeiten fingen an gute Früchte zu tragen und es stand zu erwarten, daß wenn sich die Colonisten nicht verstreuten, sie einem Wohlstande entgegengingen, der ihnen für ihre Bemühungen und Anstrengungen hundertfachen Lohn versprach.

Die Berathung dauerte ziemlich lange, überall traten begeisterte Redner auf, schienen sich aber nicht einigen zu können.

Indessen legte sich der Tumult nach und nach, die einzelnen Gruppen traten zusammen und unter der Leitung einiger Männer, die entweder einsichtsvoller oder besser aufgelegt waren, als die Uebrigen, nahm die Verhandlung einen regelmäßigeren und namentlich ernsteren Verlauf.

Endlich nach langem Hin- und Widerreden einigten sich die Colonisten und trugen einem Manne aus ihrer Mitte auf, Charles de Laville das Resultat der Berathung mitzutheilen.

Der von den Uebrigen zum Boten Auserlesene, trat in das Haus, während die Uebrigen sich vor das Haus in einer gewissen Ordnung aufstellten.

Charles bekümmerte sich, wie wir bereits gesagt haben nicht um die Vorgänge draußen. Der Tod des Grafen von Lhorailles, welchem er trotz seines seltsamen Charakters zugethan gewesen, hatte ihn nicht nur betrübt, sondern die letzte Bande zerrissen, die ihn an das entlegene Stückchen Land banden, wo er nichts mehr ausrichten zu können glaubte. Er erwartete nur die Wahl des neuen Anführers, um Abschied von der Colonie zu nehmen und sie auf immer zu verlassen.

Als der Bote der Colonisten in das Zimmer trat, blickte er auf, sah ihn fragend an und sagte:

"Nun? Besitzen wir endlich ein neues Oberhaupt?"

"Ja," antwortete Jener lakonisch.

"Wer ist es?" fragte der junge Mann neugierig.

"Unsere Cameraden werden es Ihnen sagen, Herr Charles," antwortete er. "Sie haben mir aufgetragen, Sie zu bitten, der Wahl beizuwohnen und sie durch Ihre Gegenwart zu bestätigen."

"Recht so," sagte er lächelnd, "ich hatte vergessen, daß ich bisher Euer Anführer gewesen und ich demjenigen, den Ihr gewählt habt, die Macht übergeben muß, die mir der Graf anvertraut hat. Ich folge Euch."

Der Bote verneigte sich schweigend und Beide verließen das Haus.

Als sie auf der Treppe erschienen, die zu dem Hause führte, stießen die Colonisten, die sich bisher ruhig verhalten hatten, ein gewaltiges Jubelgeschrei aus und schwenkten ihre Tücher und Hüte zum Zeichen der Freude.

Der junge Mann wandte sich überrascht zu dem Boten, der ihn begleitete; derselbe lächelte.

Nach diesem lauten Willkommen, trat wie auf einen Zauberschlag die frühere Ruhe wieder ein.

Jetzt entblößte der Abgesandte sein Haupt, und

nachdem er den jungen Mann, der verwirrt und betroffen vor ihm stand, ehrerbietig gegrüßt hatte, sagte er mit lauter vernehmlicher Stimme:

"Charles de Laville, wir Alle hier versammelten Colonisten von Guetzalli haben, nachdem wir auf Ihren Rath zusammen gekommen, um einen neuen Anführer zu wählen, erkannt, daß nur Sie alle erforderlichen Eigenschaften besitzen, um den Posten, den Ihnen das Vertrauen unseres Anführers übertragen hatte, würdig auszufüllen. In der Absicht, nicht nur das Andenken unseres verstorbenen Anführers zu ehren, sondern auch um Ihnen unsere Dankbarkeit für die übernommene Leitung an den Tag zu legen, ernennen wir Sie einstimmig zum Capitain von Guetzalli und leben der festen Ueberzeugung, daß Sie fortfahren werden uns mit demselben Adel der Gesinnung derselben Umsicht und Gerechtigkeit zu leiten, wie Sie es bisher gethan."

Hierauf nahm er den schriftlichen Contract, der sämmtliche Mitglieder der Colonie unter einander verband und den sie auf die Aufforderung des Grafen hatten beschwören müssen, als er sie anwarb, aus den Händen eines der Colonisten, entfaltete ihn und sagte:

"Capitain, dieser Contract, den ich jetzt mit lauter Stimme vorlesen werde, soll sofort von uns Allen beschworen werden. Sie sollen hingegen schwören uns zu beschützen, zu vertheidigen und uns für und wider Alle gutes Recht zu verschaffen."

Der junge Mann nahm seinen Hut ab, streckte der Versammlung den Arm entgegen und sagte in festem Tone:

"Ich schwöre es!"

"Es lebe der Capitain!" riefen die Colonisten begeistert aus; "der Contract! der Contract!"

Die Vorlesung begann.

Nach jedem Paragraphen riefen die Versammelten einstimmig: "Wir schwören es!"

Der Auftritt hatte etwas Ergreifendes. Jene Männer mit den kräftigen Zügen und der sonnenverbrannten Farbe, die in der Mitte der Wildniß und umgeben von einer erhabenen Natur, Angesichts des Himmels, Treue und unbegrenzten Gehorsam schworen, erinnerten lebhaft an die berühmten Freibeuter des sechszehnten Jahrhunderts, die sich anschickten einen ihrer kecken Streifzüge zu unternehmen und Montbars, dem Vernichter, oder irgend einem anderen berühmten Häuptlinge der Schildkröteninsel Treue schworen.

Nach beendigter Vorlesung beschloß ein abermaliges Jubelgeschrei die einfache Feierlichkeit der Wahl eines Anführers der Abenteurer, in einer Wildniß der neuen Welt.

Dieses Mal war vielleicht zufällig die allgemeine Stimme dem Würdigsten zugefallen.

Charles de Laville war in der That der einzige dem es gelingen konnte, die Verluste des letzten Unternehmens auszugleichen und die Colonie wieder auf den gedeihlichen Weg zurückzuführen, welchen sie unter der Führung des Grafen von Lhorailles betreten hatte.

VIII.

Der Abgesandte.

Nach beendeter Wahl trat, wenigstens dem Anscheine nach, in der Colonie alles in das alte Geleis zurück.

Dem war aber in Wahrheit nicht so.

Der Graf von Lhorailles hatte die Hoffnungen der Abenteurer, die sein entschlossener und unternehmender Sinn versammelte, mit in sein Grab genommen.

Nach seinem Tode mußten die Dinge eine andere Wendung nehmen und Schwierigkeiten erstehen.

Die mexikanischen Behörden, denen nur der unbeugsame Wille des Grafen ein scheinbares Wohlwollen abgezwungen hatte, obwohl sie die Ansiedelung der Colonisten auf dem Grunde und Boden der Republik nie mit günstigen Blicken angesehen hatten, fingen jetzt, wo sie die Rache des Mannes, den sie fürchten gelernt sobald sie ihn kennen gelernt hatten, nicht mehr zu gewärtigen hatten, verstohlen an ein System kleiner Aergernisse zu verfolgen, das schon begann die Lage der Franzosen schwierig zu machen und sie bald ganz unerträglich machen mußte, wenn Letztere nicht zu einem energischen Mittel griffen um ihrer Lage, die täglich schwieriger wurde, eine andere Wendung zu geben.

Andererseits war zwar die Colonie von der Küste entfernt genug, dennoch drangen je zuweilen die Gerüchte die in der Welt umliefen zu ihnen.

Es zogen Truppen von Auswanderern durch Guetzalli, die Alle nach Californien zogen.

Jene Auswanderer, die Gambucinos oder mexikanische Abenteurer waren, träumten von nichts als von unerschöpflichen Goldfeldern und ungeheuer ergiebigen Minen.

Das Goldfieber, jene schreckliche Krankheit, welche die Engländer mit dem kräftigen Namen „das gelbe Metallfieber" so richtig bezeichnen, hatte seinen Höhepunkt erreicht.

Aus allen Enden der Welt strömten Abenteurer die aus Europäern, Asiaten, Afrikanern, Amerikanern, Oceaniern bestanden, wie Schwärme unheilvoller Heuschrecken herbei, um sich auf dem Lande niederzulassen, auf welchem sie nach unsäglichen Leiden untergehen sollten.

Es war ein gottloser Kreuzzug der niedrigen Begierden und das Feldgeschrei lautete: „Gold! Gold!"

Die Menschen welche ihr Vaterland, ihre Familien, kurz Alles verließen, kannten nur einen Wunsch, nur ein Verlangen: Gold, immer mehr Gold zusammen zu scharren.

Es war ein widriger Anblick.

Solche Züge folgten sich rasch auf einander in der Colonie. Sie blickten unverwandt in die Ferne und hatten auf alle Fragen nur eine Antwort:

Californien, Goldminen.

Zur Erlangung jenes vornehmsten aller Metalle war ihnen jedes Mittel recht und nichts konnte sie daran verhindern. Sie waren zu Allem bereit, zu den größten

Verbrechen sowohl als zu den niederträchtigsten Betrügereien und schändlichsten Gemeinheiten.

Unglücklicher Weise für die Colonie gehörten die durchwandernden Abenteurer zu den unwissendsten, verderbtesten und rohesten Bewohnern Mexiko's.

Die Franzosen deren ursprüngliches Ziel auch die Ausbeute der Minen war, fühlten das Verlangen in sich erwachen, nach dem verlassenen Eldorado zurück zu kehren, um ihren Antheil an der Beute zu fordern.

So stark sich auch ein Mensch dünken mag, wird er doch nicht ungestraft das Wort „Gold" fortwährend vor seinen Ohren ertönen hören.

In der Zusammenstellung der wenigen Buchstaben liegt ein gewaltiger und unbegreiflicher Reiz der die Habsucht anregt und alle bösen Neigungen erweckt.

Die Colonisten von Guetzalli waren ehrliche, arglose Abenteurer und die meisten derselben hatten Europa verlassen um sich in dem Wunderlande von dem man fabelhafte Dinge erzählte, rasch zu bereichern.

Der Graf hatte einen solchen Einfluß über sie zu gewinnen gewußt, daß sie sich schweigend in die Lage fügten die er ihnen angewiesen hatte. Allmählich siegte die Macht der Gewohnheit und wenn sie ihre früheren Wünsche auch nicht vergessen hatten, betrachteten sie dieselben doch wie schöne Träume und unerreichbare Truggestalten.

Die früheren Ereignisse und der ungeheure Glanz, der den Namen Californien plötzlich umgab, waren geeignet den Träumen plötzlich Gestalt zu verleihen und die Habgier der Colonisten auf's Höchste zu reizen.

Charles de Laville beobachtete die Fortschritte, welche die Entsittlichung unter seinen Colonisten machte, mit Schrecken. Er war sich innerlich bewußt, das der Feind den er bekämpfen müsse um wieder Macht über seine Gefährten zu gewinnen, der alte Drang zu Abenteuern war, der im Grunde ihrer Herzen gährte und ihnen das ruhige friedliche Leben, welches sie führten verhaßt machte, während sie sich zugleich heimlich und fast unbewußt, nach einem bewegten und wechselvollen Leben sehnten.

Wer vermag den seltsamen Widerspruch im Menschenherzen zu erklären, vermöge dessen dieselben Leute, welche mit leidenschaftlichem Verlangen und um jeden Preis nach dem Erwerbe des Goldes trachteten, ja, das furchtbarste Elend ertrugen um sich den Besitz desselben zu sichern, sehr häufig keinen Werth auf das heiß begehrte Metall legten sobald sie es besaßen. Häufig verachteten sie es und vergeudeten es am Spieltische oder an noch verrufeneren Orten. Man hätte glauben sollen, daß das so mühsam erworbene Gold sich in ihrer Hand zu glühendem Feuer verwandele, das sie nicht schnell genug von sich werfen konnten.

Diese Bemerkung konnte man besonders bei den Franzosen häufig machen. In ihren Augen hatte das Gold nur in sofern Werth, als es ihnen Mühe gekostet hatte es zu erlangen.

Sie waren echte Abenteurer im eigentlichsten Sinne

des Wortes und was ihnen das Gold begehrenswerth machte war nicht der Reichthum an und für sich, sondern der Kampf und der Aufwand von Muth und Energie, dessen es bedurfte um es zu erwerben.

Charles kannte den Charakter der Leute, die unter seiner Leitung standen, genau. Er wußte, daß er ihrem Thatentriebe nur irgend ein anderes Feld anzuweisen brauche, um sie bei sich zu behalten. Er mußte ihre rege Phantasie beschäftigen und dem Herzen und Geiste jener außergewöhnlichen Männer Nahrung bieten.

Wie sollte er das anfangen und welches Mittel konnte er anwenden?

Darüber zerbrach sich Charles vergeblich den Kopf; es wollte kein leuchtender Funke in seinem Geiste aufblitzen und kein Licht aufgehen.

Zu der Zeit kamen zwei Franzosen welche den Grafen auf seinem letzten Zuge begleitet hatten und die man schon lange für todt hielt, nach Guetzalli zurück.

Jedermann war überrascht als sie bleich, abgezehrt, halb nackt und wankenden Schrittes ankamen. Das Erstaunen steigerte sich aber, als sie zwei Tage nach ihrer Rückkehr, nachdem sie sich unter sorgfältiger Pflege soweit erholt hatten, daß sie reden konnten, anfingen ihre an's fabelhafte grenzenden Abenteuer zu erzählen.

Folgendes ist der kurz zusammengefaßte Inhalt ihrer Erlebnisse:

Der furchtbare Sturm, welcher die Truppe des Grafen überfiel, überraschte sie in ziemlicher Entfernung von dem Orte, wo ihre Cameraden eine Zuflucht gesucht hatten und machte es ihnen unmöglich zu denselben zurückzukehren.

Sie hatten sich, so gut es anging, gegen den Sturm zu sichern gesucht; als sich derselbe endlich gelegt, sahen sie mit Schrecken, daß alle Spuren verschwunden waren.

Vor, hinter und um sie her dehnte sich düster, öde und trostlos die Wüste aus. So weit ihr Auge reichte sahen sie nichts wie Sand.

Sie hielten sich für verloren, fühlten sich von Verzweiflung erfaßt und sanken mit dem Entschlusse zu Boden, den Tod zu erwarten, der ihrem Elende ohne Zweifel bald ein Ende machen würde.

So blieben sie neben einander, gesenkten Hauptes und mit glanzlosen Augen liegen und überließen sich der tiefen Trostlosigkeit, die sich der stärksten Menschen bemächtigt, wenn sie von großem Unglück betroffen werden und die sie des Selbstbewußtseins und der Fähigkeit zu denken beraubt.

Sie wußten nicht zu sagen wie lange der Zustand dauerte. Sie lebten und fühlten nicht mehr, sondern vegetirten nur. Das plötzliche Erscheinen einer Truppe Indianer, entriß sie diesem leblosen Zustande. Es waren Apachen, die mit furchtbarem Geschrei und drohend geschwungenen Waffen um sie herum jagten.

Die Indianer bemächtigten sich ihrer, ohne daß sie den geringsten Widerstand geleistet hätten und führten sie nach einem ihrer Athepelt oder Dorf wo sie dieselben zu der schmachvollsten und erniedrigendsten Sclaverei zwangen.

Bald erwachte aber die schlummernde Energie im Herzen der beiden Abenteurer und sie bereiteten mit Geduld, Geschicklichkeit und unglaublicher Verschwiegenheit Alles zu ihrer Flucht vor.

Wir wollen nicht näher auf die Art und Weise eingehen, wie es ihnen endlich gelang sich der Aufsicht ihrer Wächter zu entziehen und nach endlosen Kreuz- und Querzügen nach der Colonie zurückkamen, wo sie gänzlich erschöpft und halb verhungert anlangten um uns gleich den wichtigsten Punkt ihrer Erzählung zuzuwenden.

Die beiden Männer versicherten den Colonisten, daß das Dorf nach welchem sie die Apachen gebracht hatten, kaum einen Büchsenschuß von einem unglaublich reichen Goldfelde entfernt sei und dasselbe außerordentlich leicht auszubeuten gehe, weil das Metall fast zu Tage liege. Sie brachten zum Beweise der Wahrheit ihrer Behauptung mehrere Stücken des feinsten Goldes mit, die es ihnen gelungen war, sich zu verschaffen und machten sich anheischig, diejenigen Abenteurer, die sich ihrer Führung anvertrauen wollten, nach jenem Goldfelde zu führen, das kaum zehn bis zwölf Tagereisen von der Colonie entfernt sei und gaben ihnen die Versicherung, daß die reiche Beute welche sie dort finden würden, sie für ihre Mühe tausendfach belohnen werde.

Diese Erzählung erregte die Theilnahme der Colonisten in hohem Grade, besonders aber widmete Charles de Laville derselben die ernsteste Beachtung. Er ließ die Männer ihre Geschichte mehrfach wiederholen, doch blieben sie unabänderlich bei ihrer ersten Aussage.

Der Capitain hatte endlich das so lange und vergeblich gesuchte Mittel gefunden. Er konnte jetzt versichert sein, daß ihn seine Gefährten nicht nur nicht verlassen, sondern ihm in Allem blindlings gehorchen würden was es ihm gefiele anzuordnen.

Noch an demselben Tage kündigte er den Colonisten an, daß er gesonnen sei, mit einer Truppe zur Entdeckung des Goldfeldes auszuziehen, aus dessen Nähe er die Indianer vertreiben und dessen Schätze er, zum Nutz' und Frommen sämmtlicher Mitglieder der Colonie ausbeuten wolle. Diese Nachricht wurde mit Jubel aufgenommen.

De Laville schritt sofort zur Verwirklichung seines Planes.

Die Zahl der Colonisten war durch häufige Desertionen sehr verringert worden; indessen zählte Guetzalli noch immer gegen zweihundert Franzosen.

Es war für die Goldsucher von der größten Wichtigkeit das Bestehen der Colonie zu sichern indem es der einzige Ort war, wo sie von der Mine aus Verstärkung und Lebensmittel beziehen konnten. Denn Guetzalli war, wie schon früher erwähnt wurde, der äußerste Vorposten der Civilisation und befand sich an der Grenze der Wildniß.

Jene Lage, welche man Anfangs gewählt hatte, um die Indianer leichter zurückschlagen und sich ihren periodischen Einfällen auf mexikanisches Gebiet wirksamer widersetzen zu können, wurde im gegenwärtigen Falle für die Abenteurer unschätzbar, indem sie dadurch in den Stand gesetzt wurden, sich ohne andere Hülfe als ihre eigene mit allem zu versehen, dessen sie bedurften. Auch wurde es ihnen auf diese Weise möglich die Entdeckung des Goldfeldes lange genug geheim zu halten, um die mexikanische Regierung, trotz ihrer Habsucht zu verhindern sich einzumischen und gewohnter Maßen den Löwenantheil an sich zu reißen.

Der Capitain wollte daher die Colonie nicht ganz entvölkern, damit sie im Stande sei ihr Ansehen zu behaupten und sich gegen einen Angriff der Apachen oder Comanchen, jenen unerbittlichen Feinden der Weißen, die stets auf der Lauer liegen und den geringsten Fehler benutzen, zu wehren. De Laville bestimmte daher, daß die zu dem Unternehmen bestimmte Truppe aus achtzig gut berittenen und bewaffneten Mann bestehen sollte und die Uebrigen zur Beschützung der Colonie zurückzubleiben hätten.

Um ferner jede Eifersucht und Feindseligkeit unter den Leuten zu verhindern, erklärte der Capitain, daß durch das Loos entschieden werden solle, wer den Zug nach den Goldminen mitzumachen habe.

Dieses Auskunftsmittel, welches Alle zufrieden stellte, fand warme Anerkennung; man schritt daher zur Ziehung der Loose.

Dieselbe wurde auf sehr einfache Weise veranstaltet; der Name jedes Abenteurers wurde auf ein Stück Papier geschrieben, zusammengerollt und in ein Gefäß geworfen, worauf ein Kind beauftragt wurde, die gezogenen Namen zu verlesen. Die achtzig, welche zuerst gezogen wurden, waren bestimmt auf das Unternehmen auszuziehen. Diese Einrichtung war, wie man sieht, außerordentlich einfach und besonders unparteiisch, und Niemand konnte sich beklagen.

Es geschah, wie angeordnet war. Der Zufall begünstigte den Capitain, wie es bei ähnlichen Fällen häufig geschieht, indem die unternehmendsten und energischsten Männer zu seinen Begleitern bezeichnet wurden.

Nun ging man eifrig daran, die Vorbereitungen zur Abreise schnell zu beendigen; man sammelte nämlich Vorräthe aller Art ein, sorgte für Maulthiere und versah sich mit den nöthigen Geräthen, um die Minen auszubeuten.

So große Thätigkeit der Capitain auch entwickelte, verging doch fast ein Monat, ehe alles bereit war.

Die furchtbare Catastrophe, deren Opfer der Graf von Lhorailles geworden war und das ihm in der großen Wüste del-Nort zugestoßen, war für den Capitain de Laville, der dieselbe mit seinen Leuten auch durchziehen mußte, eine ernste Warnung, sich mit der größten Vorsicht zu benehmen und nichts dem Zufalle zu überlassen.

Er beachtete daher keineswegs die Ungeduld seiner Gefährten, die ihn drängten, sich zu beeilen, sondern beaufsichtigte den Bau der Gepäckwagen mit der gewissenhaftesten Aufmerksamkeit, ja es entging ihm kein noch so geringfügiger Umstand, denn er wußte, daß ein, wenn auch nur kurzer Aufenthalt in der Wüste, sei es durch den Verlust einer Schraubenmutter, das Brechen einer Deichsel oder das Reißen eines Stranges verursacht worden, seiner Truppe das Leben kosten könne.

Endlich war alles bereit und der Tag der Abreise bestimmt. Die Truppe sollte binnen achtundvierzig Stunden Guetzalli verlassen, als gegen fünf Uhr Abends, da der Capitain von einer letzten Musterung der bereits gepackt im Hofe stehenden Wagen zurückkehrte, die auf der Landenge aufgestellte Schildwache die Ankunft eines Fremden verkündete.

So bald man sich überzeugt hatte, daß der Fremde ein Weißer sei, der die Uniform eines hochgestellten mexikanischen Officiers trug, befahl der Capitain, daß man ihn einlasse.

Die Barrière wurde sofort geöffnet und der Oberst, denn der Fremde trug die Abzeichen dieser Würde, betrat Guetzalli, gefolgt von zwei Lanceros, die ihm als Begleitung dienten und einem Maulthiere, das sein Gepäck trug.

Der Capitain kam ihm entgegen.

Der Oberst stieg ab, warf einem der Lanceros die Zügel seines Pferdes zu und begrüßte den Capitain höflich, der seinen Gruß artig erwiederte.

„Mit wem habe ich die Ehre zu sprechen?" fragte er den Fremden.

„Ich bin," antwortete Jener, „der Oberst Vicente Suarez, Adjutant des Generals Don Sebastian Guerrero, des Gouverneurs der Provinz Sonora."

„Ich freue mich des Zufalles, Senor Don Vicente, der mir das Vergnügen Ihrer Bekanntschaft verschafft. Sie werden von der langen Reise ermüdet sein und ich hoffe, daß Sie einige einfache Erfrischungen annehmen werden."

„Das nehme ich von Herzen an, Caballero," antwortete der Oberst mit einer Verbeugung, „und zwar um so lieber, als ich so eilig hergekommen bin, daß ich mir seit meiner Abreise von Pitic nicht gestattet habe, auszuruhen."

„So, kommen Sie von Pitic?"

„Gerades Wegs; ich bin nicht weniger als vier Tage unterwegs."

„Dann müssen Sie sehr ermüdet sein, denn die Entfernung ist groß, und Sie sind, wie Sie mir die Ehre erwiesen mir zu sagen, sehr schnell geritten. Wollen Sie mir gefälligst folgen?"

Der Oberst verneigte sich schweigend und der Capitain führte ihn in ein Zimmer wo allerhand Erfrischungen bereit standen.

„Setzen Sie sich, Don Vicente," sagte der Capitain indem er seinem Gaste einen Sessel bot.

Der Oberst sank auf die Butacca, die man ihm bot, mit einem Behagen nieder, das nur diejenigen begreifen können, die ohne Unterbrechung dreißig Stunden hintereinander auf dem Pferde gesessen haben.

Die Gastfreundschaft welche man dem Obersten bot, wurde von den untergebenen Officieren der Compagnie, auch den Lanceros und dem Ariero erwiesen.

Die Unterhaltung zwischen dem Capitain und seinem Gaste wurde eine Zeit lang unterbrochen.

Der Oberst aß und trank mit einer Hast, welche bei der anerkannten Enthaltsamkeit der Mexikaner unwiderleglich bewies, daß er lange gefastet habe.

De Laville betrachtete ihn sinnend und fragte sich im Stillen welcher wichtige Grund den General Guerrero bestimmt haben könne, einen so hochangestellten Officier wie den Obersten nach Guetzalli zu schicken und unwillkürlich empfand er einige Unruhe.

Endlich trank Don Vicente Suarez ein Glas Wasser, wischte sich den Mund und wandte sich zu dem Capitain.

„Ich bitte tausendmal um Verzeihung," sagte er, „daß ich so wenig Umstände mache, aber jetzt kann ich gestehen, daß ich halb verhungert war, da ich seit acht Uhr Abends nichts genossen habe."

Der Capitain verneigte sich.

„Sie werden doch auf keinen Fall heute Abend wieder abreisen wollen?" fragte er.

„Bitte um Vergebung, Caballero, ich werde wo möglich in einer Stunde abreisen."

„So bald?"

„Der General hat mir die größte Eile anempfohlen."

„Aber Ihre Pferde sind halb todt gehetzt."

„Ich hoffe von Ihrer Gefälligkeit, daß sie mir andere geben werden."

Es fehlte in der Colonie nicht an Pferden; es waren deren im Gegentheil mehr vorhanden als die Colonisten brauchten, de Laville hätte daher die Bitte des Obersten leicht erfüllen können. Das Benehmen desselben kam ihm aber so ungewöhnlich vor und er glaubte in seinem Wesen etwas so Geheimnißvolles zu bemerken, daß seine Unruhe zunahm und er antwortete:

"Ich weiß nicht Oberst, ob es mir trotz meines Wunsches Ihnen gefällig zu sein, möglich sein dürfte ihrem Wunsche nachzukommen. Die Pferde sind gegenwärtig hier sehr selten."

Der Oberst äußerte seine Unzufriedenheit.

"Caramba!" sagte er "das würde ich sehr bedauern."

In dem Augenblicke öffnete ein Peone leise die Thür und übergab dem Capitain ein Papier auf welchem mit Bleistift einige Worte geschrieben waren. Der junge Mann entschuldigte sich, entfaltete das Papier und durchlief es schnell.

"Ach!" rief er plötzlich aus indem er das Papier hastig zusammendrückte, "er ist hier, was geht denn vor?"

"Wie?" fragte der Oberst neugierig, der den Sinn seiner Worte, die in französischer Sprache gesprochen wurden, nicht verstand.

"Nichts," antwortete er, "oder wenigstens etwas, was mich nur persönlich betrifft;" hierauf wandte er sich zu dem Peonen und sagte: "ich komme."

Der Peone grüßte und entfernte sich.

"Oberst," fuhr de Laville zu seinem Gaste gewendet fort, "erlauben Sie mir, Sie einen Augenblick zu verlassen."

Ohne die Antwort abzuwarten verließ er rasch das Zimmer dessen Thür er hinter sich verschloß.

Der Oberst war über diese plötzliche Entfernung sehr betroffen.

„Oho!" murmelte er, indem er ohne es zu wissen auf spanisch dieselben Worte brauchte, deren sich der Kapitain auf französisch bedient hatte, „was geht denn vor?"

Da es ein ächter Mexikaner war, der gern von Allem genau unterrichtet sein wollte und besonders gern zu entdecken suchte, was man ihm verbergen zu wollen schien, stand er leise auf, trat an das Fenster, öffnete die Mosquitovorhänge und blickte neugierig in den Hof.

Seine Bemühung half ihm aber nichts denn der Hof war verlassen.

Da kehrte er langsam auf seinen Platz zurück, streckte sich wieder auf die Butacca; drehte nachlässig ein Papelito und murmelte halblaut:

„Geduld! Wer warten kann, kommt auch zum Ziel. Früher oder später werde ich die Lösung des Räthsels erfahren."

Er schien sich durch diese Betrachtung über die ihm wiederfahrne Täuschung getröstet zu haben denn er zündete philosophisch seine Cigarrette an und verschwand bald in einer dicken Rauchwolke, die er aus Mund und Nase blies.

Wir wollen den würdigen Obersten ungestört diesem angenehmen Zeitvertreibe überlassen um Charles de Laville zu folgen und dem Leser die Worte zu erklären, die er beim Durchlesen des Papieres ausgestoßen, welches ihm der Peone so unerwartet überreichte.

IX.

Dona Angela.

Ehe wir mittheilen können was in Guetzalli zwischen de Laville und dem Obersten vorging, müssen wir nach dem Lager der Abenteurer zurückkehren.

Louis hielt das junge Mädchen noch immer fest umfaßt und führte sie in das Innere der aus Laubwerk errichteten Hütte, die ihm seine Cameraden am Eingange der Kirche gebaut hatten.

Dort angekommen ließ er sie auf einer Butacca oder Lehnsessel Platz nehmen während er selbst auf einen Equipal oder Fußschemel sank.

Es folgte ein tiefes Schweigen.

Beide waren in ihre Betrachtungen versunken.

Im Herzen Louis ging eine seltsame Verwandlung vor. Er fühlte sich unwillkürlich von neuer Hoffnung belebt, ein neuer Muth durchströmte ihn und neue Lebenslust beseelte ihn. Er gedachte der Zukunft, jener Zukunft der er hatte entgehen wollen indem er seinen Tod in dem tollkühnen und kecken Unternehmen suchen wollte das er auszuführen übernommen hatte.

Das menschliche Herz enthält seltsame Widersprüche. Der Graf hatte sich in seinen Schmerz gehüllt, sich gewissermassen in denselben eingelebt und dadurch vor sich selbst die Laufbahn entschuldigt, die er ergriffen oder die ihn vielmehr sein Milchbruder hatte ergreifen lassen. Er sah und empfand im Leben nichts wie

Bitterkeit und wies Alles was Freude oder Glück heißt verächtlich von sich.

Jetzt fühlte er ohne begreifen zu können wie eine solche Verwandlung möglich gewesen wie sein mit Vorliebe gehegter und genährter Schmerz abnahm; schwächer wurde, ja im Begriffe war, sich in eine sanfte träumerische Schwermuth zu verwandeln und einem anderen, stärkerem und lebendigerem Gefühle Platz zu machen, das ehe er hätte daran denken können dagegen anzukämpfen oder es zu ersticken, so tiefe Wurzeln in seinem Herzen geschlagen hatte, daß er sich ganz von demselben erfüllt fand.

Jenes neue Gefühl war die Liebe. Alle Leidenschaften sind heftig und besonders unlogisch, sonst wären es keine Leidenschaften.

Don Louis liebte Dona Angela; er liebte sie wie ein Mann der die letzte Grenze zwischen Jugend und Alter erreicht hat, nämlich sinnlos und übermäßig.

Er liebte und haßte sie zugleich, denn er zürnte ihr, daß sie eine neue Liebe in ihm erweckt hatte, die ihm die alte vergessen ließ und ihm zugleich offenbarte, daß das menschliche Herz wohl schlummere aber niemals sterben könne.

Der Einfluß, den das junge Mädchen über ihn gewonnen hatte, war um so größer und heftiger als sie, sowohl im Aeußeren als im Inneren den grellsten Gegensatz zu Dona Rosario, dem sanften engelhaften Wesen, das der Graf zuerst geliebt hatte, bildete.

Die majestätische und strenge Schönheit der Dona Angela, ihr feuriger und leidenschaftlicher Charakter, Alles hatte den Grafen bezaubert und gefesselt. Er zürnte ihr wegen der Herrschaft, die er ihr, ohne es zu wollen, über seinem Willen eingeräumt hatte und warf sich die Verwandlung, welche jene Liebe in seinem Herzen hervorgerufen hatte, wie eine unwürdige Schwachheit vor, weil er gezwungen war anzuerkennen, daß es ihm noch möglich sei glücklich zu werden.

Louis machte von der Mehrzahl des Menschengeschlechtes keine Ausnahme. Die Menschen sind sich darin alle gleich, daß, wenn sie ihr Leben im Stillen unter dem besonderen Einflusse eines Gefühles, sei es der Trauer oder der Freude, gestellt haben, sich darin gefallen, dasselbe immer mehr zu entwickeln, einen Theil ihres Wesens daraus zu machen und sich dahinter zu verschanzen wie hinter einer unbesiegbaren Citadelle. Wenn durch eine plötzliche Erschütterung das sorgfältig aufgeführte Gebäude zusammenbricht, grollen sie mit sich selbst, weil sie nicht die Kraft besessen sich zur Wehre zu setzen und werfen in Folge dessen ihren Zorn auf die unschuldige Ursache dieser großen inneren Umwälzung. Während seiner Betrachtungen ließ der Graf den Kopf auf die Brust sinken, verlor sich in seine Gedanken und vertiefte sich mehr und mehr in die düsteren Träume denen sein Geist unwiderstehlich nachhing. Er blickte auf und warf einen Blick auf Dona Angela der Alles was in seinem Inneren vorging verrieth. Das junge Mädchen

Zwischen den zarten Fingern drangen Thränen wie durchsichtige Perlen hervor.

Sie weinte leise in sich hinein; ihr Athem flog krampfhaft und sie schien einen herben Schmerz zu empfinden.

Der Graf erblaßte, stand hastig auf und trat zu ihr.

Bei dieser plötzlichen Bewegung ließ Dona Angela ihre Hände sinken und betrachtete ihn mit einem so bezaubernden Ausdruck schmerzlicher Ergebenheit und aufrichtiger Liebe, daß sich der Graf von unbeschreiblichem Glücke erfüllt fühlte. Erschöpft und hingerissen sank er zu ihren Füßen und murmelte in abgerissenen Worten:

„Ich liebe Dich, ich liebe Dich!"

Das junge Mädchen richtete sich halb in ihrem Sessel auf, neigte den Kopf zu ihm und betrachtete ihn lange und nachdenklich.

Plötzlich warf sie sich vom Schmerze überwältigt in seine Arme, barg den Kopf an seiner Schulter und brach in Thränen aus.

Der Graf, den ihr Schmerz besorgt machte und der den Grund desselben nicht entdecken konnte, setzte das junge Mädchen sanft in den Lehnstuhl zurück, ließ sich neben ihr nieder, erfaßte ihre Hand und sagte zärtlich:

„Warum diese Thränen?" Woher rührt der Schmerz der ●●●niederbeugt?"

„Ich weiß nicht mehr, wie Du siehst," antwortete sie und bestrebte sich, durch ihre Thränen zu lächeln.

„Kind, Du verheimlichst mir etwas, Du hast ein Geheimniß."

„Ein Geheimniß! Das Geheimniß meiner Liebe, habe ich Dir sie nicht gestanden Louis?"

„Ach, auch ich liebe Dich," antwortete er traurig, „doch kann ich nicht ohne Furcht an unsre Liebe denken."

„Warum, wenn Du mich wieder liebst?"

„Ob ich Dich liebe! Kind ich würde für Dich und um dieser Liebe willen Alles opfern."

„Nun dann?" sagte sie.

„Ach ich liebes Kind, bin ein Unglückseliger und meine Liebe ist tödtlich, deshalb zittere ich."

„Was kann es für eine größere Freude geben, als für den Gegenstand unserer Liebe sterben zu können!"

„Ich bin ein Geächteter, ein Räuber, ein Verbannter."

Sie richtete sich stolz empor und rief mit gerunzelten Brauen und blitzenden Augen, tief aufathmend aus:

„Du bist ein edles Herz, denn Du hast den Plan gefaßt ein entartetes Volk aufzurichten. Was kümmern mich die Namen, mein Freund, die man Dir beilegt? Einst wird man Dir offene und glänzende Genugthuung geben." Allmählich beruhigte sie sich, sie lächelte sanft und fuhr fort: „Du bist geächtet, armes Herz, ist es nicht der Beruf der Frau, auf Erden zu trösten und zu ermuthigen? Der Kampf den Du unternimmst wird hartnäckig werden, denn Dein Plan ist ebenso tollkühn und verwegen als großherzig. Vielleicht wirst Du im Kampfe unterliegen. Du bedarfst nicht eines Rathgebers oder Bruders, aber einer Frau, deren Herz Dich ganz versteht, vor der Du kein Geheimniß

haſt, die Dich tröſtet wenn Dich die Verzweiflung er-
faſſen will und Du wie ein beſiegter Titan, im Begriffe biſt das Feld zu räumen. Ich will Dir jene
treue ergebene Freundin ſein, Don Louis, die ſtets
über Dir wacht, Dich nie verläßt und wenn Du ſterben
ſollteſt den Tod ſuchen wird, um ſich neben Dich zu betten."

„Ich danke Dir, mein Kind, fühle mich aber
einer ſo erhabenen und aufopfernden Liebe nicht würdig.
Bedenke, welches traurige Loos Du Dir wählſt, welches
friedliche ruhige Daſein Du verläſſeſt um Dich dem
Schmerze, ja vielleicht dem Tode anzutrauen."

„Was liegt daran? Der Tod an Deiner Seite
iſt mir willkommen, weil ich Dich liebe!"

Don Louis ſchien unſchlüſſig.

„Denke an den großen Schmerz Deines Vaters,"
ſagte er nach einer Weile, „den Du verläſſeſt; Dein
Vater liebt Dich auch und hat Niemand als Dich."

Sie legte ihm raſch die Hände auf den Mund.

„Schweig! Schweig!" rief ſie in herzzerreißendem
Tone, „rede mir nicht von meinem Vater. Warum
thuſt Du mir das? Warum ſteigerſt Du meine Verzweiflung? Ich liebe Dich, Don Louis, ich liebe Dich!
Du ſollſt fortan meine Eltern, Freunde, ja Alles er-
ſetzen, Alles ſage ich Dir! Seit dem Tage, wo ich Dich
zuerſt richtig erblickte und Du mir wie der Engel des
göttlichen Zornes erſchieneſt, flog Dir mein Herz entgegen und eine innere Ahnung verkündete mir, daß
unſer beider Geſchick für immer an einander gefeſſelt
ſei. Als ich Dich wiederſah hatte mir mein Herz be-

reits Deine Nähe verrathen. Damals hielt ich mich zurück, weil Du meiner nicht bedurftest, jetzt haben sich die Zeiten geändert. Du bist von denjenigen verrathen, verlassen und verfolgt in deren Interesse es lag Dich zu unterstützen. Das Land, was Du befreit hast verläugnet Dich. Mein Vater dessen Leben Du gerettet ist Dein erbittertster Feind, weil Du seine Vorschläge abgelehnt und Dich geweigert hast seinem kleinlichen Ehrgeize zu dienen. Ich habe mich in meiner Liebe wie in eine Veste geflüchtet; mein Vaterland verläugnet, meinen Vater verlassen und wie eine ächte Tochter des vulkanischen mexikanischen Landes, in deren Adern statt des Blutes glühende Lava rollt, habe ich in meiner Entrüstung über die schändlichen Verräthereien mit denen man Dich von allen Seiten umgab, Alles bis auf die, dem jungen Mädchen angeborne, jungfräuliche Scheu vergessen. Ich habe vor aller Augen und öffentlich mit der Welt gebrochen, welche Dich von sich stößt und bin gekommen um Dich zu sehen, Dich zu lieben und Dir die, vielleicht noch kurze Frist, Deines Lebens zu versüßen. Denn ich mache mir eben so wenig Illusionen über die Zukunft wie Du, Don Louis. Wenn die unheilvolle Stunde gekommen ist und der Sturm über Deinem Haupte losbricht, werde ich da sein um Dich durch meine Gegenwart aufzurichten, durch meine grenzenlose Liebe zu ermuthigen und in Deinen Armen zu sterben!

Eine Frau die wahrhaft liebt und sich von ihrer Leidenschaft hinreißen läßt, übt selbst auf den stärksten

Mann einen so großen magnetischen Zauber aus, daß er sich unwillkürlich von einem sinnberauschendem Schwindel erfaßt fühlt und ihn sein Verstand verläßt um ihm rückhaltlos und ungetheilt der Macht der Liebe zu überlassen."

"Aber Du hast geweint, Angela," sagte der Graf, "noch jetzt fließen Deine Thränen!"

"Ja," erwiederte sie mit Nachdruck; "ich habe geweint und weine noch. Erräthst Du nicht, Don Louis, aus welchem Grunde? Weil ich im Grunde doch nicht aufhören kann, Frau zu sein und sich mein Inneres, trotz meines Willens und meiner Liebe, gegen mein Herz wendet und ich, indem ich mich Dir ergebe Alles mit Füßen trete was eine Frau unter allen Umständen beachten muß. Ist sie doch den elenden Rücksichten einer verrotteten Civilisation unterworfen, die Sclavin eines albernen Herkommens und fortwährend gezwungen ihr Gefühl zu verbergen um eine schändliche Comödie zu spielen. Darum habe ich geweint, und darum weine ich noch. Was kümmern Dich diese Thränen, mein Geliebter? Fließen sie doch ebenso gut aus Freude als aus Scham und beweisen Dir, welchen Sieg Du über mich gewonnen hast."

"Angela," antwortete der Graf mit Würde, "ich will weder Dein Vertrauen noch Deine Liebe täuschen und meine Schuld soll es gewiß nicht sein, wenn Du nicht glücklich wirst."

Sie blickte ihn mit engelhafter Hingebung an.

"Nur Deine Liebe verlange ich," sagte sie leise, "weiter nichts. Was kümmert mich alles Uebrige?"

„Es liegt mir daran daß diejenige, die mir Alles geopfert hat, nicht in der öffentlichen Achtung sinke und nicht entwürdigt erscheine."

„Was denkst Du zu thun?"

„Ich will Dir meinen Namen geben, mein Kind, ist es doch das einzige Gut was ich noch besitze. Wenigstens wird man Dir, wenn Du auch die Gefährtin eines Räubers wirst," fügte er mit Bitterkeit hinzu, „nicht vorwerfen können, seine Maitresse zu sein. Vor aller Augen sollst Du meine rechtmäßige Frau sein, das schwöre ich Dir."

„Ach!" sagte sie und faltete entzückt die Hände.

„Recht so, Bruder!" sagte Valentin eintretend. „Ich übernehme es Euren Bund durch einen gottesfürchtigen Priester segnen zu lassen, dem das Evangelium nicht todter Buchstabe ist und der das Christenthum in seiner ganzen erhabenen Einfachheit aufzufassen versteht."

„Dank, Don Valentin!"

„Nennen Sie mich Bruder, Fräulein, denn da ich der seinige bin, bin ich auch der Ihrige. Sie sind ein edles Wesen und ich danke Ihnen für die Liebe, welche Sie Don Louis widmen. Jetzt," fügte er lächelnd hinzu; „wollen wir Beide in unserer Liebe zu ihm wetteifern."

Des Grafen Augen standen voll Thränen, doch konnte er keine Worte finden um auszu_____ was er empfand. Er reichte den beiden treuen ge_liebten Menschen die Hand und blickte sie voll herzlicher Dankbarkeit an.

„Jetzt," sagte Valentin heiter und um der Unterhaltung eine andere Wendung zu geben, „wollen wir an unsere Geschäfte gehen."

„Geschäfte?"

„Ich dächte," fuhr der Jäger lächelnd fort, „daß diejenigen, welche uns jetzt obliegen ernst genug sind um unsere volle Aufmerksamkeit zu verdienen."

„Ganz recht," antwortete Louis, „schickt es sich aber, daß wir in Gegenwart des Fräuleins —"

„Richtig! daran dachte ich wahrlich nicht. Ich bin so wenig vertraut mit den geselligen Rücksichten, daß das Fräulein entschuldigen wird."

„Erlauben Sie, meine Herren," sagte sie mit einem klugen Lächeln, eine Frau ist häufig ein guter Rathgeber, und unter gegenwärtigen Umständen glaube ich Ihnen von einigem Nutzen sein zu können."

„Das bezweifle ich nicht," sagte der Jäger höflich, „aber —"

„Sie glauben es nicht," fiel sie ihm lachend in's Wort, denn Ihr muthwilliger Sinn gewann wieder die Oberhand, „Sie sollen selbst sehen."

„Wir hören," sagte der Graf.

„Mein Vater trifft jetzt großartige Anstalten; seine Absicht ist, Euch zu vernichten, ehe Ihr im Stande seid ins Feld zu rücken. Sämmtliche Indios-Mansos — und alle Indianer, die waffenfähig sind sollen aufgeboten werden. Auch wird eine außerordentliche Truppenaushebung durch ganz Sonora ausgeschrieben werden."

„Das sind in der That gewaltige Vorbereitungen," bemerkte Louis!

„Das ist nicht Alles. Giebt es nicht irgendwo in der Nähe eine französische Colonie?"

„Allerdings," bemerkte der Graf, der plötzlich ernst wurde, „die Colonie von Guetzalli."

„Mein Vater beabsichtigt einen seiner Adjutanten, den Oberst Suarez nach der Colonie zu schicken, ja vielleicht ist es bereits geschehen."

„Zu welchem Zwecke?"

„Nun, wahrscheinlich zu dem Zwecke die Colonisten durch glänzende Versprechungen dahin zu vermögen, daß sie uns die Hülfe welche wir erwarten könnten nicht leisten."

Louis wurde nachdenklich.

„Wir müssen einen Entschluß fassen," sagte Valentin lebhaft. „Während sich die Compagnie vorbereitet rasch in's Feld zu rücken, muß ein zuverlässiger Mann nach Guetzalli geschickt werden. Die Colonisten sind Franzosen und können sich unmöglich weigern gemeinschaftliche Sache mit uns zu machen, da es sich um einen Streit handelt, der sie so gut betrifft wie uns."

„Du hast Recht Bruder, genug des Zauderns, handeln wir nachdrücklich. Du wirst mich nach Guetzalli begleiten."

„Wie, Du wolltest mit?"

„Es ist höchstens zwei Tagereisen von hier entfernt und stets das Beste wenn man seine Angelegenheiten selbst besorgt. Ueberdies wird Niemand von den Colo-

„Warum denn?"

„Das zu erzählen würde zu lange dauern. Laß Dir es genügen zu wissen daß ich ganz kürzlich Gelegenheit hatte, der Colonie einen wichtigen Dienst zu leisten und ich schmeichle mir mit der Hoffnung daß man dessen noch eingedenk sein wird."

„Ja, wenn dem so ist, rede ich Dir nicht ab. Dann darf Niemand mehr wie Du darauf rechnen, sein Verlangen berücksichtigt zu sehen. Gehen wir also in Gottes Namen."

„Gehen wir!" antwortete Louis.

„Nun," sagte Dona Angela lächelnd, „hatte ich nicht Recht, als ich sagte daß ich guten Rath ertheilen könne?"

„Ich habe nie daran gezweifelt," antwortete der Jäger verbindlich. „Dem konnte übrigens nicht anders sein, hat uns doch mein Bruder die Versicherung gegeben daß Sie unser Schutzengel sein würden."

Nachdem Don Louis seinem ersten Lieutenant den Befehl übergeben hatte und ihm die größte Wachsamkeit und Thätigkeit anempfohlen, verkündete er seinen Gefährten, daß er auf kurze Zeit verreisen werde, ohne doch den Zweck seiner Reise zu nennen, damit sie den Muth nicht verlören, im Fall daß es ihm nicht gelingen sollte den gehofften Beistand zu erlangen. Bei Sonnenuntergang verließ er, nachdem er von Dona Angela einen letzten Abschied genommen, die Mission in Begleitung Valentins und sprengte im Galopp auf dem Wege nach Guetzalli davon.

X.

Die Gesandten.

Das von dem Peonen übergebene Papier, welches den Capitain de Laville in so große Aufregung versetzte, enthielt nichts weiter als einen Namen, aber einen in Guetzalli wohlbekannten Namen, nämlich den des Grafen Maxime Eduard Louis de Prébois-Crancé.

Die Bewohner von Guetzalli hatten von weitem von der in San Franzisco angeworbenen französischen Compagnie gehört, welche die unerschöpflichen Minen von la Plancha de Plata auszubeuten beabsichtige, sie wußten daß die Compagnie Guaymas erreicht habe, von da an aber fehlten ihnen alle ferneren Nachrichten.

Der Capitain ahnte keineswegs, daß der Graf de Prébois-Crancé der Anführer der Compagnie sei. Er hatte nur während seines Aufenthaltes in der Hacienda aus einigen Worten, welche der Graf hingeworfen, geschlossen, daß derselbe etwas gegen die mexikanische Regierung im Schilde führe und deshalb war das erste Wort was ihm, sobald er den Namen auf dem Zettel gelesen hatte, entschlüpfte:

„Er hier! Was geht denn vor?"

Er begab sich zum Grafen in der Ueberzeugung, daß derselbe von der mexikanischen Regierung aus irgend einem Grunde geächtet worden und er gekommen sei bei ihm eine Zuflucht zu suchen.

Der Besuch des Obersten Suarez traf seltsamer

Weise mit der Ankunft des Grafen zusammen und bestätigte ihn in seiner Vermuthung; denn er glaubte mit einem Anscheine von Recht annehmen zu dürfen, daß der Oberst gekommen sei um ihm zu verbieten den Geächteten aufzunehmen, oder ihn wenigstens den mexikanischen Behörden auszuliefern.

Da er fürchtete dem Grafen auf irgend eine Weise zu schaden, verließ er den Obersten so plötzlich um Rücksprache mit seinem Landsmanne zu nehmen. Vom ersten Augenblick an war er nämlich entschlossen, ihn nicht nur nicht auszuliefern, sondern auch ihn nicht zu verlassen, wenn er ihn um seinen Schutz bitten sollte.

Die Vermuthung des Capitains de Laville war zwar, wie der Leser sieht, nicht vollkommen richtig, grenzte aber sehr nahe an die Wahrheit.

Don Louis und Valentin saßen auf Butaccas, rauchten, plauderten und nippten, um sich zu erfrischen, von Zeit zu Zeit an einem vor ihnen stehendem Aufgusse, von Tamarindos, als die Thüre sich öffnete und der Capitain eintrat.

Die drei Männer begrüßten sich und reichten sich herzlich die Hand. Nach den ersten Begrüßungen winkte ihnen de Laville, ihre Plätze wieder einzunehmen und begann die Unterhaltung zu dem Grafen gewendet folgendermaßen.

„Welcher günstige Wind führt Sie nach Guetzalli?"

„Nun," antwortete Jener, „wenn Sie sagten welcher Cordonazo, lieber Herr de Laville, so würden Sie der Wahrheit näher kommen, denn nie bin ich von einem furchtbareren Sturme bedroht gewesen, als demjenigen der heute an meinem Himmel aufzieht."

"Oho! erzählen Sie mir doch, um was es sich handelt. Es bedarf nicht der Versicherung, daß ich vollkommen der Ihrige bin."

"Ich danke Ihnen, doch sagen Sie mir nur vor allen Dingen, wer seit dem Tode des Grafen de Lhorailles die Leitung der Colonie übernommen hat?"

"Ich, antwortete der junge Mann bescheiden."

"Nun, das freut mich," antwortete der Graf offen, "denn Keiner war würdiger sein Nachfolger zu sein, wie Sie."

"Mein Herr!" antwortete er verlegen.

"Lieber Capitain, ich sage Ihnen unumwunden meine Meinung; es thut mir Leid, wenn ich Sie dadurch kränke."

"Im Gegentheile!" sagte der junge Mann lächelnd.

"Dann ist es um so besser, und ich sehe, daß meine Interessen, in Ihren Händen, nicht leiden werden."

"Seien Sie dessen versichert."

"Erlauben Sie mir, Ihnen meinen vertrautesten Freund, meinen Milchbruder, vorzustellen. Sie haben sicherlich bereits von ihm gehört, und es würde mich freuen, wenn Sie sich näher kennen lernten. Kurz Sie sehen hier den französischen Jäger vor sich, welchen die Indianer und Mexikaner den Fährtensucher benannt haben." Der Capitain stand rasch auf und reichte dem Jäger die Hand.

„Wie?" rief er bewegt aus, „sind Sie Valentin Guillois?"

„Ja, mein Herr," sagte der Jäger mit einer bescheidenen Verbeugung.

„Es freut mich unendlich," fuhr der junge Mann mit Wärme fort, „daß ich Sie persönlich kennen lerne. Jedermann hier liebt und achtet Sie, denn Sie bringen den französischen Namen, auf den wir so stolz sind, zu großem Ansehen. Ich danke Ihnen, Graf, danke Ihnen von Herzen. Verlangen Sie jetzt von mir was Sie wollen, ich sage es bei Gott! im Voraus zu, denn die Freude, die Sie mir bereitet haben, kann nie zu theuer bezahlt werden."

„Für jetzt," antwortete der Graf, „ist meine Bitte sehr geringfügig. Sie werden, wenn er nicht schon da ist, bald den Besuch eines Abjutanten des Generals Guerrero erhalten."

„Der Oberst Suarez?"

„Ja."

„Er ist hier."

„Schon!"

„Er ist vor kaum einer halben Stunde angekommen."

„Hat er Ihnen nichts gesagt?"

„Noch nicht; wir haben noch nicht mit einander gesprochen."

„Desto besser! Würde es Ihnen unbequem sein, mich an einen Ort zu bringen, von wo aus ich ungesehen und unbemerkt Alles hören könnte, was zwischen Ihnen gesprochen wird?"

„Keineswegs. Neben dem Zimmer, in welchem er mich erwartet, befindet sich ein, mit einem Vorhange verschlossenes Cabinet; es fällt mir aber noch etwas Besseres ein."

„Was?"

„Kennt er Sie?"

„Mich?"

„Ja, ob er Sie von Ansehen kennt?"

„Nein."

„Sind Sie dessen gewiß?"

„Vollkommen."

„Auch Ihren Freund nicht?"

„Nicht im Entferntesten."

„Schön; lassen Sie mich nur machen; ich werde die Sache besorgen; reden wir jetzt von Ihrer Angelegenheit."

„Das ist überflüssig."

„Warum denn?"

„Weil Sie wahrscheinlich durch den Obersten mehr erfahren werden, als ich Ihnen sagen könnte."

„So? Sie glauben also, daß er Ihretwegen kommt?"

„Ich bin dessen gewiß."

„Gut! Lassen Sie mich nur machen, und tragen Sie keine Sorge."

„Abgemacht also?"

„Auf baldiges Wiedersehen."

Hierauf entfernte er sich.

Der Oberst saß noch in derselben Stellung in

welcher wir ihn verlaſſen haben. Er hatte eine große Anzahl Pajillos, Cigaretten von Maisſtroh, geraucht, und das Nikotin fing langſam an, auf ſeinen Kopf zu wirken, ſeine Lieder wurden ſchwer, und er war im Begriffe einzuſchlafen.

Das plötzliche Eintreten des Capitains zog ihn plötzlich aus ſeinem traumartigen Zuſtande, und er erhob den Kopf.

„Verzeihen Sie mir, Oberſt, daß ich Sie ſo lange allein gelaſſen habe," ſagte der junge Mann. Ein unvorhergeſehenes Geſchäft —"

„Es bedarf keiner Entſchuldigung, mein Herr," antwortete der Oberſt höflich; „es würde mich aber gefreut haben, wenn Sie ſo gefällig geweſen wären, dem Grafen de Lhorailles meine Ankunft zu melden, denn das Geſchäft, das mich herführt, leidet keinen Aufſchub."

Der Capitain blickte den Mexikaner verwundert an.

„Wie?" ſagte er, „dem Grafen de Lhorailles?"

„Gewiß; nur ihm kann ich die Depeſchen mittheilen, deren Ueberbringer ich bin."

„Aber der Graf de Lhorailles iſt bereits ſeit mehren Monaten, ja faſt einem Jahre geſtorben; wiſſen Sie das nicht?"

„Nein mein Herr, das muß ich geſtehen."

„Das iſt ſeltſam; ich entſinne mich doch, einen expreſſen Boten an den Gouverneur von Sonora abgeſchickt zu haben, um ihm die Todesnachricht zu überbringen und ihm zugleich zu melden, daß die

Wahl meiner Landsleute auf mich, als ihren Führer gefallen sei."

„In dem Falle ist entweder Ihr Courier gar nicht hingegangen, oder man hat ihn unterwegs ermordet."

„Das fürchte ich auch."

„Also Sie, mein Herr, sind gegenwärtig Capitain der Colonie Guetzalli?"

„Ja."

„Sie sind sehr jung, um einen so wichtigen Posten zu bekleiden."

„Herr Oberst," antwortete de Laville etwas hochmüthig, „wir Franzosen messen die Menschen weder nach ihrem Alter, noch nach ihrer Größe."

„Das ist zuweilen ein Fehler; aber gleichviel, das geht mich nichts an. Mit wem habe ich die Ehre zu sprechen?"

„Mit Don Charles de Laville."

Der Oberst verneigte sich.

„Mit Ihrer Erlaubniß, Caballero, werde ich Ihnen also meine Depeschen mittheilen."

„Einen Augenblick, mein Herr," fiel ihm der Capitain schnell in's Wort; „ich darf Sie nicht eher anhören, bis ich zwei der angesehensten Mitglieder der Colonie herbeigerufen habe."

„Wozu?"

„Es ist gesetzliche Vorschrift."

„Nun, so thun Sie es."

Der Capitain schlug auf eine Metallplatte, worauf ein Peone eintrat."

„Bitte die beiden Herren, welche im grünen Zimmer warten, herzukommen," sagte er.

Der Peone entfernte sich.

„Wie? die beiden Herren, welche warten?" fragte der Oberst mißtrauisch.

„Ja; da ich vermuthete, daß Sie Depeschen zu überbringen hätten, Oberst, habe ich die Herren rufen lassen, um Ihnen keinen Zeitverlust zu verursachen."

„In dem Falle bitte ich meinen Dank entgegenzunehmen, denn ich bin in der That sehr eilig."

In dem Augenblicke öffnete sich die Thür, und der Graf mit Valentin traten ein.

Der Oberst blickte sie durchdringend an, um zu ergründen wen er vor sich habe.

In den starren, gleichmüthigen Mienen war aber nichts zu lesen, denn sie glichen Marmormasken.

„Meine Herren," sagte der Capitain, „der Oberst Don Vicente Suarez, Adjutant des Generals Don Sebastian Guerrero, Militair-Gouverneur von Sonora; Oberst Suarez, zwei meiner Landsleute."

Die drei Männer grüßten sich mit steifer Geberde.

„Jetzt," fuhr der Capitain fort, „bitte ich die Herren Platz zu nehmen. Der Oberst ist der Ueberbringer von Depeschen, welche er uns mitzutheilen wünscht, vermuthlich ist der Inhalt derselben sehr wichtig, da der Oberst seine Reise von Pitic hierher ohne Aufenthalt zurückgelegt hat. Jetzt sind wir bereit Sie anzuhören, Oberst."

Der Oberst Suarez besaß, wie alle Menschen,

welche an Arglist und geheime Umtriebe gewöhnt sind, einen untrüglichen Instinkt, der ihn vor Verrath warnte. Auch bei gegenwärtiger Gelegenheit ahnte er, daß man ihn hintergehe, obgleich dem Anscheine nach alles so ehrlich wie möglich vor sich ging und er weit entfernt war, die Wahrheit zu durchschauen. Indessen war es ihm unmöglich zu errathen, zu welchem geheimen Zwecke es geschehe.

Er konnte aber keine leeren Ausflüchte vorschützen, sondern mußte, wohl oder übel, seine Pflicht thun. Widerstrebend entschloß er sich dazu, nachdem er die Unbekannten mit einem zweiten forschenden Blicke gemustert hatte, der ihre geheimsten Gedanken errathen zu wollen schien, doch mit ebenso wenig Erfolg, als das erste Mal.

„Meine Herren," hub er an, „ohne Zweifel sind Sie der zahllosen Beweise von Huld, mit welchen Sie die mexikanische Regierung überhäuft hat, noch eingedenk."

„Ueberhäuft ist das richtige Wort," unterbrach ihn de Laville lächelnd; „fahren Sie fort, Oberst."

Jener, der über die spöttische Bemerkung ein wenig betroffen war, entschloß sich endlich doch, fortzufahren.

„Die Regierung ist noch immer bereit, wenn es nöthig sein sollte, fernere Opfer zu bringen."

„Caspita," versetzte der junge Mann, „die Mühe erlassen wir der Regierung; im allgemeinen kommen uns die Wohlthaten der mexikanischen Regierung sehr theuer zu stehen."

In einem so spöttischen Tone durfte die Unterhaltung nicht fortgeführt werden, wenn man zu einem Verständnisse gelangen wollte. Der Oberst ließ sich aber nicht abschrecken, denn sein Entschluß war im Voraus gefaßt. Das Resultat seiner Sendung kümmerte ihn wenig, denn er wußte nur zu gut, daß seine Auftraggeber sich nicht entblöden würden, ihn zu verleugnen, wenn es die Verhältnisse fordern sollten.

„Man stellt Ihnen also folgenden Vorschlag," fuhr er fort.

„Erlauben Sie Oberst, daß ich zuvor bemerke, wie es vielleicht angemessen sein dürfte, uns, ehe wir den Vorschlag anhören, mitzutheilen, aus welchen Gründen sich die Regierung bewogen fühlt, uns denselben zu machen," sagte de Laville.

„Die Gründe werden Sie wahrscheinlich eben so gut wissen, wie ich, mein Herr."

„Verzeihung, im Gegentheil, wir sind darüber vollständig im Dunklen, und werden es Ihnen Dank wissen, wenn sie uns deshalb aufklären wollen."

Der Graf und Valentin standen unbeweglich wie Statuen da; die beiden düsteren Gestalten waren dem Oberst außerordentlich unheimlich.

„Die Gründe sind sehr einfach," sagte er.

„Das bezweifle ich nicht, bitte daher um gefällige Mittheilung."

„Dieser Brief wird Ihnen jede gewünschte Auskunft über den Gegenstand geben," sagte er, indem er dem Capitain einen versiegelten Brief überreichte.

De Laville nahm und öffnete ihn. Nachdem er

ihn rasch durchflogen, drückte er das Papier zornig in seiner Hand zusammen und sagte in festem Tone:

„Oberst, der Gouverneur von Sonora hat nicht bedacht, daß die Colonie von Guetzalli nur aus Franzosen besteht, das heißt, keine Verräther in ihrer Mitte zählt. Wir haben unsere Nationalität bewahrt, obwohl wir uns hier angesiedelt, und wenn die mexikanischen Gesetze uns nicht hinreichenden Schutz gewähren, so werden wir uns an unseren Bevollmächtigten in Mexiko wenden, oder uns nöthigenfalls selbst schützen."

„Mein Herr, solche Drohungen....." fiel ihm der Oberst in's Wort.

„Es sind keine Drohungen," fuhr der junge Mann nachdrücklich fort, „der General Guerrero beleidigt uns als Franzosen, indem er uns nicht nur auffordert, unseren Landsmann zu verlassen, trotz dem er durch seine Biederkeit, seinen Muth und seine edle Gesinnung unseres Schutzes in jeder Hinsicht würdig ist, sondern uns noch zumuthet, ihn zu hetzen wie ein wildes Thier, und ihn schließlich ihm auszuliefern. Der General droht, uns in die Acht zu erklären, wenn wir dem Grafen, den er einen Räuber und Rebellen nennt, beistehen. Er mag es thun, wenn er will. Den Brief, welchen Sie mir eben übergeben haben, will ich durch einen zuverlässigen Mann nach Mexiko an unseren Bevollmächtigten schicken, und einen Bericht über die Plackereien hinzufügen, welche uns die mexikanische Regierung, seitdem wir uns hier aufhalten, verursacht hat.

„Sie haben Unrecht, meinen Vorschlag auf solche

Weise entgegenzunehmen, mein Herr," antwortete der Oberst. „Der General ist Ihnen sehr gewogen. Ich bin überzeugt, daß er Ihnen große Vortheile gewähren wird, wenn Sie sich entschließen, ihm zu gehorchen. Was kümmert Euch friedliche Colonisten jener aufrührerische Graf, den Ihr wahrscheinlich gar nicht kennt? Es liegt in Eurem eignen Interesse, Euch gegen ihn zu wenden. Der Mann ist ein Bösewicht, welchem Nichts heilig ist. Er hat sich seit seiner Ankunft in unserem unglücklichen Lande, mit den ruchlosesten Lastern befleckt. Glauben Sie mir, mein Herr, bestehen Sie nicht hartnäckig auf Ihrem Irrthume, sondern zeigen Sie sich dankbar gegen die Regierung, für alle genossene Huld, indem Sie jenen Elenden verlassen."

Der Capitain hörte die lange Abhandlung des Mexikaners ruhig und kalt an, und gebot dem Grafen und seinem Begleiter durch einen Wink Ruhe, denn sie hatten die größte Mühe, ihre Entrüstung zurückzuhalten und den Boten so zu behandeln, wie er es verdiente. Als der Oberst endlich schwieg, maß ihn der junge Mann mit einem Blicke unbeschreiblicher Verachtung und sagte trocken:

„Sind Sie zu Ende?"

„Ja," antwortete Jener betroffen.

„Gut; wir haben Gott sei Dank! fortan nichts mehr mit einander zu schaffen; wollen Sie gefälligst auf Ihr Pferd steigen, und die Colonie augenblicklich verlassen! dem General Guerrero werden Sie sagen, daß ich mir vorbehalte, ihm selbst zu antworten.

„Ich entferne mich, mein Herr. Denken Sie jene Antwort bald zu geben?"

„Binnen vierundzwanzig Stunden. Gehen Sie."

„Ich werde dem Generale unsere Unterhaltung wörtlich hinterbringen."

„Sie werden mich verbinden. Auf Wiedersehen, mein Herr."

„Wie so, auf Wiedersehen? Denken Sie Ihre Antwort persönlich zu überbringen?"

„Vielleicht, versetzte de Laville spöttisch."

Der Oberst entfernte sich, sehr bestürzt über den Empfang, den er gefunden hatte. Die drei Männer folgten ihm, und bewachten ihn so sorgfältig, daß er mit Niemand in Berührung kommen konnte.

Das Pferd hielt ein Soldat, gesattelt und gezäumt, im Hofe bereit. Der Oberst schwang sich in den Sattel und sprengte davon.

Es drängte ihn, die Colonie zu verlassen. Als er endlich das Thor auf der Landenge erreicht hatte, drehte er sich um, warf einen langen Blick zurück und murmelte für sich:

„Wer mögen die beiden Männer sein?"

Hierauf gab er seinem Pferde die Sporen.

Als er hinter den Biegungen des Weges verschwunden war, faßte der Capitain die Hand Don Louis, drückte sie warm und sagte:

„Jetzt reden Sie lieber Graf, was kann ich für Sie thun?"

XI.

Der Operationsplan.

Der Graf erwiederte den warmen Händedruck des jungen Mannes, schüttelte aber traurig den Kopf, und schwieg.

„Warum antworten Sie nicht?" fragte der Capitain, „zweifeln Sie an meiner Bereitwilligkeit, Ihnen zu dienen?"

„Das ist es nicht," antwortete der Graf trübe, „ich weiß wie edel und großmüthig Sie sind, und daß Sie nicht zaudern werden, mir beizustehen,"

„Warum bedenken Sie sich denn?"

„Lieber Freund," antwortete der Graf mit einem schwermüthigen Lächeln, „ich mache mir Vorwürfe daß ich gekommen bin."

„Warum denn?"

„Ist es nicht begreiflich genug? Das Land, welches Sie hier bebauen, war vor einigen Jahren ein von wilden Thieren bewohnter Urwald; jetzt hat es sich, in Folge Ihrer Umsicht und Bemühungen in eine fruchtbare, angebaute Ebene verwandelt. Zahlreiche Viehheerden weiden auf den Fluren, die Oede und Verlassenheit des Ortes ist dem angestrengten Fleiße der Civilisation gewichen. Die Colonie von Guetzalli, welche mit so großer Mühe begründet, und dessen Boden mit so vielem Blut getränkt wurde, gedeiht und fängt an, Ihnen für Ihre Arbeit und Ihren Fleiß reichlichen Ertrag zu bringen. Bald werden andere Colonisten, von Ihrem Beispiele ermuthigt, herbeikommen, sich Ihnen anschließen, und indem sie Ihnen helfen die Indios bravos in ihre unzugänglichen Wüsteneien zurückzudrängen, werden sie die mexikanischen Grenzen für immer, vor den Verwüstungen der Wilden sichern, und das herrliche Land zu seinem früheren Glanze erheben.

„Nun?" fragte der Capitain.

Nun," fuhr der Graf fort, „kann ich, ein Fremdling dem Sie nichts schuldig sind, die Verantwortung übernehmen Sie in einen unabsehbaren Kampf zu verwickeln, sich in einen fremden Streit zu mischen, in welchem Sie nur verlieren können und das Land das Sie mit so großer Anstrengung aus dem gänzlichen Verfalle gerissen, in den früheren trostlosen Zustand zurückversetzen? Mit einem Worte lieber Freund, ich frage mich mit welchem Rechte oder unter welchem Vorwande ich Sie mit in mein Verderben ziehen sollte?"

„Unter welchem Vorwande? mit welchem Rechte? Ich will es Ihnen sagen," erwiederte der junge Capitain großmüthig. „Wir befinden uns, Herr Graf, sechstausend Meilen von unserer Heimath entfernt, leben an der Grenze der Wildniß und dürfen auf keine andere Hülfe, keinen anderen Schutz hoffen, als in uns selbst. In solcher Entfernung von dem Vaterlande sollen sich alle Franzosen als Brüder betrachten, und Einer für den Anderen stehen. Wird Einer beleidigt, so ist es Allen widerfahren. Eben weil unsere Zahl gering und wir daher den Beleidigungen unserer Feinde doppelt ausgesetzt sind, müssen wir uns um so enger an einander schließen, um uns zu wehren und darauf zu bestehen daß uns Gerechtigkeit widerfahre. Wir retten auf solche Weise nicht nur unsere Ehre, sondern vertreten unser Vaterland und den französischen Namen, auf welchen wir mit Recht so stolz sind und den wir vor jedem Makel bewahren.

„Sie reden gut, Capitain," wandte Valentin ein, „Ihre Worte verrathen den Ehrenmann. Allerdings muß der Patriotismus in der Fremde besonders stark und unbeugsam auftreten. Wir haben nicht das Recht die nationelle Ehre durch erbärmliche Feinde herabwürdigen zu lassen, denn unsere französischen Brüder haben uns das kostbare Gut anvertraut. Jeder vertritt hier das gesammte Vaterland, und ist auf eigene Gefahr verpflichtet, es unter allen Umständen in Jedermanns Achtung zu erhalten."

„Ja," versetzte der Capitain lebhaft; „die mexikanische Regierung hat, indem sie den Grafen de Prébois-Crancé beleidigte, ihre Verpflichtungen gegen ihn versäumte und ihn schändlich verrieth, nicht einen Einzelnen beleidigt, nicht einen namenlosen Abenteurer, sondern ganz Frankreich verletzt. Wohlan es kommt Frankreich zu, ihr zu antworten, und das wird, bei Gott! geschehen. Wir werden den hingeworfenen Fehdehandschuh aufheben, werden kämpfen um unsere Ehre zu retten und wenn wir unterliegen, so sterben wir glorreich auf dem Kampfplatze und seien Sie versichert, meine Herren, daß unser Blut nicht wird vergebens geflossen sein. Das Vaterland wird uns beklagen und bewundern und unser Fall wird Rächer erwecken. Ueberdies sind Sie, Herr Graf, für die Colonie Guetzalli kein Fremdling. Haben Sie uns nicht, bei einer schwierigen Gelegenheit mit Rath und That beigestanden? Jetzt kommt die Reihe an uns und es ist wie Sie sehen, nur eine Schuld die wir zurückzahlen."

Der Graf mußte lächeln.

„Nun, es sei," sagte er bewegt, „ich nehme Ihr großmüthiges Opfer an. Ein längeres Sträuben würde nicht nur lächerlich sein, sondern würde Ihnen sogar undankbar erscheinen."

„Das lasse ich gelten!" sagte der Capitain aufgeräumt, jetzt fangen wir an uns zu verständigen. Ich wußte wohl, daß es mir schließlich gelingen würde, Sie zu überzeugen."

„Sie sind ein liebenswürdiger Camerad," versetzte der Graf; „Ihnen zu widerstehen ist unmöglich."

„Nun, Sie scheinen mir wahrlich zu der gelegensten Zeit zu kommen, um eine schnelle Hülfe zu erhalten."

„Wie so?"

„Ja, denn zwei Tage später war ich fort."

„Wäre es möglich?"

„Haben Sie, bei Ihrer Ankunft, nicht die Wagen und Karren bemerkt, die im Hofe aufgereiht stehen?"

„Allerdings."

„Ich war im Begriffe, mit achtzig auserlesenen Mann abzumarschiren, um gewisse Minen auszubeuten, von welchen wir gehört haben."

„So, so?"

„Ja, das Unternehmen wird aber vorläufig unterbleiben, und vermuthlich wird sich die Truppe welche mich begleiten sollte, Ihnen anschließen."

„Was heißt, daß Sie es vermuthen?"

„Ja, ich kann nicht über die Leute und den Zweck des Unternehmens eigenmächtig verfügen, sondern muß die Zustimmung Aller dazu haben."

„Ganz recht," sagte der Graf, dessen Züge sich verfinsterten.

„Seien Sie aber unbesorgt," fuhr der Capitain fort; „wir werden die Zustimmung der Colonisten leicht erlangen, sobald sie wissen werden, welcher Sache ich mich widmen will."

„Gott gebe es."

„Ich stehe für den Erfolg; ich setze voraus, daß Sie mit Allem Nöthigem versehen sind, um in's Feld zu rücken?"

„So ziemlich; indessen muß ich Ihnen bekennen, daß mich sämmtliche Arieros verlassen und mein Lager verstohlen gemieden haben."

„Teufel! Sie werden natürlich auch ihre Maulthiere mitgenommen haben?"

„Alle, ohne Ausnahme, so daß ich in Verlegenheit bin, wie ich das Gepäck fortbringen soll, und das Geschütz bespannen werde."

„Nun, wir werden dafür sorgen; wie Sie sehen habe ich hier vortreffliche Packwagen, überdies fehlt es auch nicht an Maulthieren und wir besitzen in der Colonie Leute welche vollkommen im Stande sind sie zu führen."

„Sie werden mir dadurch keinen geringen Gefallen erweisen."

„Ich hoffe, Ihnen deren noch größere zu erweisen."

Die drei Männer traten in das Innere des Hauses und kehrten in das Zimmer zurück, wo die Conferenz mit dem Obersten Suarez stattgefunden hatte.

Der Capitain schlug auf eine Metallplatte worauf ein Peone erschien.

„Heute Abend zum Oracion, nach beendeter Arbeit versammeln sich die Colonisten im Patio um eine wichtige Mittheilung entgegen zu nehmen, welche ich ihnen zu machen habe," sagte er.

Der Diener verneigte sich.

„Laß' auftragen," fügte der Capitain hinzu; dann wandte er sich zu seinen Gästen: „Sie werden bei mir speisen, nicht wahr? Ohne dem dürfen Sie nicht daran denken vor morgen wieder abzureisen."

„Allerdings; doch denken wir vor Aufgang der Sonne aufzubrechen."

„Wo lagern Sie?"

„In dem Missionsdorfe de Nuestra Senora de los Angelos."

„Das ist ja kaum zwei Schritt entfernt."

„Ja, höchstens funfzehn Meilen."

„Die Stellung ist besonders günstig, doch denken Sie wohl nicht mehr lange dort zu bleiben?"

„Nein, ich will einen entscheidenden Streich wagen."

„Sie haben recht, Sie müssen dafür sorgen, daß Ihr Name gefürchtet werde."

In dem Augenblick brachten die Peonen einen für drei Personen gedeckten Tisch herein.

„Zu Tische meine Herren," sagte der Capitain.

Die Mahlzeit war, wie an jener entlegenen Grenze zu erwarten stand, außerordentlich einfach. Sie bestand nur aus Wildprett, Tortillas, Mais, rothen Bohnen mit rothem Pfeffer gewürzt und statt des Getränkes Pulque, Mezcal und catalonischen Refino, das ist der stärkste Branntwein welchen man hat.

Die Gäste erfreuten sich eines ächten Waidmanns-hungers, das heißt sie waren fast ganz erschöpft, denn seit dreißig Stunden hatten der Graf und Valentin nichts genossen. Sie sprachen daher der Mahlzeit wacker zu.

Die Peonen entfernten sich sofort, nachdem sie den Tisch herein gebracht hatten, um den Gästen volle Freiheit zu lassen, untereinander zu reden. Sobald der erste Hunger gestillt war, wurde die Unterhaltung da wieder aufgenommen, wo sie dieselbe gelassen hatten, was Solche zu thun pflegen deren Geist mit irgend einem schwierigen Plane ernstlich beschäftigt ist. „Der Krieg ist also zwischen Ihnen und der mexikanischen Regierung entschieden erklärt?" fragte der Capitain.

„Ja, unwiederbringlich."

„Obwohl Sie einer gerechten Sache dienen, da Sie für die Aufrechterhaltung eines rechtmäßigen Anspruches kämpfen, werden Sie doch einen Wahlspruch auf das Banner welches Sie führen, schreiben."

„Gewiß! Ich werde den einzigen Spruch wählen, der mir den Schutz der Völker, die ich auf meinem Wege treffen werde, sichert und die Unterdrückten und Unzufriedenen zu mir führen kann."

„Lassen Sie hören, wie lautet der Spruch?"

„Es sind nur vier Worte."

„Wie heißen sie?"

„Independencia de la Sonora."

„Der Einfall ist gut. Wenn in dem Herzen der Einwohner jener unglücklichen Provinz noch ein Funke von Großmuth und edler Gesinnung lebt, woran ich, wie ich gestehe, stark zweifle, so werden die vier Worte genügen um den Aufstand zu bewerkstelligen."

„Ich hoffe es, ohne doch darauf zu rechnen. Sie kennen den mexikanischen Charakter so gut wie ich und wissen daß es ein seltsames Gemisch guter und böser Neigungen ist und daß man unmöglich eine bestimmte Meinung von demselben hegen kann."

„Ja, sehen Sie Herr Graf, es ergeht den Mexikanern wie allen Völkern, welche lange in der Sclaverei geschmachtet haben. Nachdem sie Jahrhunderte lang Kinder geblieben, sind sie zu rasch emporgewachsen und haben sich angemaßt Männer zu sein, da sie noch kaum im Stande waren ihre Unabhängigkeit zu begreifen und die Vortheile derselben zu genießen."

„Wir wollen uns bemühen sie aufzustacheln. Vielleicht ist der Geist der Gährung in diesem Lande noch nicht ganz erloschen und was noch davon übrig ist wird hinreichen das heilige Feuer im Herzen Aller anzufachen."

„Was denken Sie zu thun?"

„Mich beeilen um mich nicht angreifen zu lassen, denn das würde auf Furcht, wenn nicht auf Unfähigkeit schließen lassen."

„Ganz recht."

„Wie viel Mann denken Sie mir mitzugeben?"

„Achtzig Reiter unter meiner Leitung, wie ich Ihnen schon sagte."

„Ich danke Ihnen! Wann aber werden jene Reiter, welche mir nebenbei gesagt von großem Nutzen sein werden, da ich deren gegenwärtig nur wenige besitze, zu mir stoßen?"

„Heute Abend werden sie Ihnen zugesagt und nach zwei Tagen können sie in der Mission sein."

„Können Sie mir morgen die Maulthiere, Packwagen und Maulthiertreiber mitgeben?"

„Allerdings."

„Gut. Ich werde sofort den Weg über la Magdalena nehmen. Das ist ein großes Pueblo welches sich an der Stelle befindet, wo die beiden Straßen von Urés und Hermosillo sich kreuzen."

„Ich kenne es."

„Begeben Sie sich sofort dorthin, es wird eine Zeitersparniß sein."

„Abgemacht; ich werde zu gleicher Zeit wie Sie dort eintreffen, was ich um so leichter kann, da ich nur meine Reiter, ohne das Gepäck, welches Sie morgen selbst mitnehmen, bei mir habe."

„Sehr wohl!"

„Sie denken also kräftig aufzutreten?"

„Ja, ich denke einen entscheidenden Schritt zu thun. Gelingt es mir, mich einer der drei Hauptstädte von Sonora zu bemächtigen, so habe ich den Feldzug gewonnen."

„Ein solches Unternehmen ist vielleicht zu verwegen."

„Ich weiß es wohl; aber in meiner Lage darf ich keine Furcht kennen; nur die Verwegenheit kann mich retten."

„Sie haben Recht und ich füge nichts weiter hinzu. Jetzt wollen wir uns zur Versammlung hinunter begeben, unsere Leute sind beisammen. In der Stimmung in welcher sie gegenwärtig sind, bin ich überzeugt daß mein Antrag auf keine Hindernisse stoßen wird."

Sie gingen hinunter.

Diese Leute standen, wie es der Capitain verkündigt hatte, zu Dreien und Vieren beisammen im Hofe und sprachen lebhaft unter einander über den Zweck gegenwärtiger Versammlung.

Als der Capitain, in Begleitung der beiden Freunde erschien, trat sofort die tiefste Stille ein, denn bei der Gelegenheit verschloß die Neugierde selbst den Redseligsten den Mund.

Der Graf von Prébois-Crancé war der Mehrzahl der Colonisten bekannt. Man begrüßte ihn daher freundlich, denn Jedermann war noch des Dienstes eingedenk, den er der Colonie erwiesen hatte, als Guetzalli von den Apachen so heftig angegriffen wurde.

Der Capitain benutzte geschickter Weise diese gün

Stimmung, auf welche er übrigens schon gerechnet hatte, um seinen Gefährten seinen Wunsch vorzutragen und die Gründe aufzuzählen, welche den Grafen nöthigten Bundesgenossen in Guetzalli zu suchen.

Die Colonisten wären nicht die thatendurstigen Abenteurer gewesen, welche sie wirklich waren, wenn sie ein solches Verlangen kalt aufgenommen hätten. Das Seltsame und Verwegene des Unternehmens, was man ihnen vorschlug, bestach sie und sie schaarten sich mit Jubelgeschrei und Begeisterung unter den Befehl des Grafen. Der früher beabsichtigte Zug, zu welchem bereits alle Vorbereitungen getroffen waren, wurde sofort vergessen und man sprach nur noch von der Befreiung Sonoras.

Hätte der Graf von Próbois=Crancé zweihundert Mann verlangt, so würde er sie ohne Zweifel sofort und ohne Widerrede erhalten haben.

Der Capitain de Laville freute sich des warmen Entgegenkommens, welches er gefunden hatte, dankte seinen Gefährten herzlich, sowohl im Namen des Grafen als in seinem eigenen und schickte sich sofort an alles zur Abreise vorzubereiten.

Die Packwagen wurden sorgfältig gemustert, um sich zu überzeugen daß alles im guten Stande sei, hierauf befrachtete man sie mit allem was man zum bevorstehenden Feldzuge bedurfte.

Ohngefähr eine Stunde vor Sonnenaufgang war s zum Aufbruche fertig; die Wagen standen gepackt und bespannt, und die mit Sorgfalt ausgewählten Maulthiere wurden von zuverlässigen Leuten geführt.

Louis und Valentin schwangen sich in den Sattel.

Der Capitain begleitete sie bis auf eine Stunde Entfernung von der Colonie, worauf sie sich mit dem Versprechen trennten, sich in la Magdalena drei Tage später wieder zu treffen.

Die Maulthiere und die Wagen bewegen sich in Mexiko nur langsam fort, denn es giebt fast nirgends gebahnte Straßen und meistentheils muß man sich erst mit dem Beile einen Durchgang erzwingen.

Diese Langsamkeit brachte Don Louis und seinen Milchbruder, deren Gegenwart in der Mission dringend nothwendig war, zur Verzweiflung. In dieser Noth entschloß sich der Graf die Caravane, welche er begleitete, zu verlassen und sich allein schleunigst nach der Mission zu begeben.

Die Freunde trennten sich daher von den Arieros, nachdem sie ihnen die größte Eile anempfohlen, spornten ihre Pferde an und sprengten mit verhängtem Zügel in der Richtung der Mission davon.

Die amerikanischen Pferde, welche von den alten Arabern der Eroberer Neu=Spaniens abstammen, haben vor den unsrigen entschiedene Vorzüge: erstlich sind sie sehr genügsam. Des Morgens genügt ihnen, nachdem sie gestriegelt worden, eine Handvoll Alfalfa um den ganzen Tag ohne zu trinken, zu fressen oder sich aus= zuruhen, zu laufen. Jene Pferde scheinen unermüdlich zu sein. Uebrigens ist ihnen nur eine Art der Bewegung bekannt, nämlich der Galopp. Des Abends kommen sie, nachdem sie zwanzig Stunden zurückgelegt haben, ohne zu schwitzen oder die geringste Müdigkeit zu verrathen nach dem Nachtquartiere.

Unsere beiden Reiter hatten auserlesene Renner, erreichten daher die Mission in verhältnißmäßig kurzer Zeit.

Bei den ersten Verschanzungen stand ein Mann, der ihrer harrte.

Es war Curumilla.

„Man erwartet Euch," sagte er, „kommt!"

Sie folgten ihm und blickten sich fragend an, denn sie konnten sich nicht erklären, welcher wichtige Grund Curumilla bewogen haben könnte, so viel zu reden.

XII.

Vater und Tochter.

Das Lager der Abenteurer hatte ein vollständig verändertes Ansehen gewonnen. Statt des früher herrschenden Friedens zeigte es jetzt ein mit der gegenwärtigen Lage übereinstimmendes Bild kriegerischer Rührigkeit:

Vor jedem Zugange zu der Mission hatte man eine, von einer Anzahl Leuten bewachte Kanone aufgefahren, die nach der Ebene gerichtet waren.

Schildwachen standen in gemessenen Entfernungen und bewachten die Außenseite, während vorgerückte Posten in sicherer Stellung aufgestellt die nächste Umgebung sicherten und einen Ueberfall verhüteten.

Im Inneren des Lagers herrschte das regste Leben. Die Feldschmieden rauchten und dröhnten von den Hammerschlägen der Hufschmiede. Weiterhin sah man die Zimmerleute ganze Bäume verarbeiten; die Waffenschmiede untersuchten die Waffen und besserten sie aus, kurz Jedermann war mit Eifer bemüht, alles in kürzester Frist in Stand zu setzen.

Der Graf und Curumilla, welchen Valentin vorausritt durcheilten rasch das Lager und wurden auf ihrem Wege von den Abenteurern, welche sich freuten, sie zurückgekehrt zu wissen, herzlich begrüßt.

Als sie sich dem Hauptquartiere näherten, drangen die schrillen Töne einer Jarabé, begleitet von den schwermüthigen Tönen einer Stimme, welche die Romanze del rey Rodrigo sang, an ihr Ohr.

„Vielleicht würde es besser sein, ehe wir weiter gehen, bei Don Cornelio Erkundigungen einzuziehen."

„Ja und zwar um so mehr, als es schwierig, um nicht zu sagen unmöglich sein würde, aus Curumilla etwas heraus zu bringen."

„Zu ihm gehe ich," antwortete Jener, welcher die Worte gehört hatte, die die Freunde wechselten.

„Dann ist es um so besser," sagte Valentin lächelnd.

Curumilla wendete sich ein wenig links und führte die beiden Männer nach einem, aus Laubwerk errichteten Jacal, welcher dem Spanier als Wohnung diente und vor dem der edle Hidalgo gegenwärtig auf einem Equipal sitzend, wüthend auf seiner Jarana kratzte und

Als er die beiden Freunde erblickte, stieß er einen Freudenschrei aus, warf seine Jarana bei Seite und eilte auf sie zu.

„Capa de Dios!" rief er aus indem er ihnen die Hand reichte, „seid willkommen, Caballeros, ich erwartete Sie mit Ungeduld."

„Giebt es etwas Neues?" fragte Don Louis besorgt.

„Allerdings; Sie werden aber doch nicht auf dem Pferde sitzen bleiben?"

„Nein nein, wir sind die Ihrigen."

Sie stiegen vom Pferde. Während der wenigen Worte, welche der Graf mit dem Spanier sprach, neigte sich Valentin zu dem Ohre des indianischen Häuptlings und flüsterte ihm, kaum hörbar einige Worte zu, welche Curumilla mit einem Kopfnicken beantwortete.

Die beiden Franzosen traten, von Don Cornelio gefolgt in den Jacal indessen der Araucan sich mit den Pferden entfernte.

„Nehmen Sie Platz, meine Herren," sagte der Spanier und deutete auf etliche umherstehende Equipals.

„Ich muß Ihnen gestehen, Don Cornelio," sagte der Graf, „daß Sie meine Neugierde auf's Höchste spannen. Was ist denn während meiner Abwesenheit vorgefallen?"

„Nichts sehr Wesentliches, was nämlich das Allgemeine betrifft, denn unsere Späher haben uns von den Bewegungen des Feindes einen sehr beruhigenden Bericht erstattet. Uebrigens wird der interimistische Befehlshaber seinen Rapport überreichen, das ist also nicht wovon ich mit Ihnen zu reden denke."

„Ist sonst etwas, was mich besonders interessirt, vorgefallen?"

„Sie werden es selbst hören. Sie wissen daß Sie mir vor Ihrer Abreise aufgetragen haben, über Dona Angela zu wachen, was nebenbei für mich ein seltsames Amt war."

„Wie so?"

„Genug, ich weiß was ich weiß. Kurz ich kann wohl behaupten daß ich das schwierige Amt mit der Galanterie eines echten Caballero verwaltet habe."

„Ich danke Ihnen."

„Gestern ist ein Indianer nach der Mission gekommen und hat einen Brief für den Commandanten gebracht."

„So wissen Sie was der Brief enthielt?"

„Es war ganz einfach die Bitte um einen Schutzbrief, während eines Aufenthaltes im Lager."

„Wer hatte ihn geschrieben?"

„Pater Seraphin."

„Wie!" rief Valentin aus, „Pater Seraphin! Der französische Missionair, der fromme Mann, den die Indianer selbst den Apostel der Prairien genannt haben?"

„Er selbst."

„Das ist in der That seltsam," murmelte der Jäger.

„Nicht wahr?"

„Aber," wandte der Graf ein, „Pater Seraphin bedarf keines Schutzbriefes um bei uns zu verweilen so lange er will."

„Gewiß!" bestätigte Valentin, „denn wir Alle und ich insbesondere schätzen uns glücklich, seines Rathes

"Auch war es nicht für seine Person daß der würdige Pater einen Schutzbrief verlangte, denn er weiß sehr gut, daß uns sein Besuch stets angenehm ist."

"So, für wen denn?"

"Für Jemand, für welchen er mit seiner Person einsteht, so lange er bei uns weilt, dessen Namen er uns aber verschweigt."

"Hm, das ist nicht sehr klar."

"So schien mir's auch und ich habe sogar den Commandanten aufgefordert es abzuschlagen."

"Nun?"

"Er hat den Schutzbrief ausgestellt und stützte sich dabei auf die nicht ganz unbegründete Behauptung, daß derjenige, für welchen der Schutzbrief verlangt wird, entweder ein Freund oder ein Feind sei, und in beiden Fällen sei es gut ihn zu kennen, damit man ihn vorkommenden Falles behandeln könne wie er es verdient."

Bei diesem seltsamen Ausspruche konnten sich die beiden Franzosen nicht enthalten zu lachen.

"Nun und was ist das Resultat von alle dem?" fuhr der Graf fort.

"Das Resultat ist, daß heute Morgen Pater Seraphin in Begleitung eines Mannes, der eng in die dichten Falten eines weiten Mantels gehüllt war, in der Mission eingetroffen ist."

"So! Und jener Mann?"

"Rathen Sie, wenn Sie können."

"Ich glaube, daß Sie besser thun, ihn mir gleich

„Ich glaube es auch. Machen Sie sich aber auf etwas Unglaubliches gefaßt. Jener Mann ist Niemand anders als Don Sebastian Guerrero."

„Der General Guerrero!" rief der Graf aufspringend aus.

„Verstehen Sie mich recht; ich habe nicht gesagt der General Guerrero sondern Don Sebastian Guerrero."

„Genug der Thorheiten, Don Cornelio; reden wie ernst, der Gegenstand ist es werth."

„Ich bin ernst Don Louis. Der General ist nur als Privatmann hier. Mit einem Worte der Vater der Dona Angela befindet sich in unserem Lager und nicht der Gouverneur von Sonora."

„Jetzt fange ich an zu begreifen," sagte der Graf in dumpfem Tone, indem er heftig im Jacal auf und ab schritt. „Was ist zwischen Vater und Tochter vorgegangen? Fürchten Sie nicht, mir Alles zu sagen, ich werde mich zu fassen wissen."

„Es ist Gott sei Dank, gar nichts vorgefallen Don Louis."

„Ach!"

„Ja und zwar aus dem einfachen Grunde, weil sich, auf meinem Rath, Dona Angela geweigert hat, in Ihrer Abwesenheit den Besuch ihres Vaters anzunehmen."

„Sie hat den Muth gehabt das zu thun?" sagte der Graf, stehen bleibend, indem er den Spanier durchdringend ansah.

„Ja, auf meinem Rath."

„Ich danke Euch, Don Cornelio. Der Pater Seraphin und der General . . . . ."

„Erwarten Eure Rückkehr, in einem Jacal, der zu ihrem besonderen Gebrauche gebaut worden ist. Scheinbar genießen sie ihre volle Freiheit, doch bewachen wir verstohlen den General so scharf, daß er nichts thun kann, was wir nicht wüßten."

„Sie haben recht gehandelt, Freund, und viele Vorsicht und Scharfblick bei der Gelegenheit an den Tag gelegt." Bei dieser unerwarteten Schmeichelei erröthete Don Cornelio wie ein junges Mädchen und schlug bescheiden die Augen nieder.

„Was denkst Du zu thun?" fragte Valentin den Grafen.

„Dona Angela die volle Freiheit ihres Willens lassen. Gehen Sie, Don Cornelio, ihr meine Rückkehr zu melden und führen Sie zu gleicher Zeit ihren Vater und den Missionair zu ihr. Gehen Sie, ich folge Ihnen."

Der Spanier ging um den erhaltenen Auftrag zu vollziehen.

„Wann denkst Du aufzubrechen," sagte Valentin als er allein mit dem Grafen war.

„Binnen zwei Tagen."

„Nach welcher Richtung?"

„Nach la Magdalena."

„Gut! Jetzt bitte ich Dich um die Erlaubniß, mich in Begleitung Curumillas entfernen zu dürfen."

„Wie, willst Du mich verlassen?" sagte der Graf in bedauerndem Tone.

Der Jäger lächelte.

„Du verstehst mich nicht Bruder," antwortete er; „der indianische Häuptling und ich sind hier so ziemlich überflüssig. Was können wir thun? Nichts, hingegen bin ich überzeugt, daß wir vortreffliche Kundschafter abgeben werden. Ueberlasse uns die Sorge den Weg auszukundschaften, wir werden zu gleicher Zeit bemüht sein, die Vorurtheile und Verläumdungen, die man über Dich verbreitet hat und die überhaupt Alles treffen was französisch heißt, zu mildern oder zu vernichten."

„Ich wagte nicht, Dich um diesen Dienst zu bitten; da Du Dich aber von selbst so bereitwillig dazu erbietest, werde ich nicht so thöricht sein es abzulehnen. Geh' Bruder, handle nach Deinem Ermessen, was Du thust ist wohlgethan."

„So lebe denn wohl; ich will sofort aufbrechen."

„Ohne Dich auszuruhen?"

„Ich bin, wie Du weißt, niemals müde. Lebe denn wohl, wir sehen uns in la Magdalena wieder."

Die beiden Freunde umarmten sich und verließen den Jacal.

Auf der Schwelle der Thür drückten sie sich noch einmal die Hand, worauf sich Valentin nach rechts und der Graf nach links wandte.

Eine Truppe von zehn Mann war als Schutz vor dem Hauptquartier aufgestellt.

Eine Schildwache ging, mit dem Gewehr über der Schulter, vor der Thür der Missionskirche auf und ab, welche dem Grafen vorläufig als Wohnung diente.

Als Don Louis in die Nähe seiner Wohnung kam, bemerkte er Don Cornelio in Begleitung von zwei anderen Personen, von welchen die eine ein priesterliches Kleid trug; sie standen und schienen seiner zu warten.

Der Graf beschleunigte den Schritt. Obwohl er dem Pater Seraphin noch nie gesehen hatte erkannte er ihn doch gleich nach der von Valentin entworfenen Schilderung.

Es war noch immer derselbe Mann mit dem engelhaften Blicke, den feinen, scharfgeschnittenen Zügen und dem Ausdrucke der Sanftheit und Klugheit, wie wir ihn in einem früheren Werke bereits geschildert haben. In Amerika ist aber das Amt eines Apostels sehr beschwerlich und bei Missionairen, welche dieses Namens würdig sind, zählt ein Jahr für drei. Obwohl Pater Seraphin kaum dreißig Jahr alt war, zeigte sowohl sein Körper als sein Gesicht bereits die Spuren jenes frühzeitigen Alters, welches denjenigen zu Theil wird, die sich ohne Rückhalt für das Wohl der Menschheit aufopfern. Schon fing sein Rücken an sich zu krümmen, sein Haar zeigte an den Schläfen schon Silberfäden und zwei tiefe Furchen durchzogen seine Stirn. Sein feuriger Blick schien aber diese Zeichen von Schwäche Lügen strafen zu wollen und anzudeuten, daß wenn auch der Körper im Kampfe aufgerieben wurde, der Geist doch noch ebenso kräftig und jung geblieben sei.

Die drei Männer begrüßten sich höflich. Nachdem der Graf und der Missionair sich forschend betrachtet hatten, reichten sie sich lächelnd die Hand. Sie hatten sich verstanden.

„Mein Herr," sagte der Graf zum General gewendet, „sein Sie mir willkommen, obwohl ich überrascht bin zu sehen, daß Sie zu denjenigen, welche Sie mit dem Namen Räuber zu bezeichnen belieben, Vertrauen genug hegen um sich der Ehrenhaftigkeit derselben so unbedingt anzuvertrauen."

„Mein Herr," antwortete der General, „die Menschenrechte sind bei Allen geachtet und geehrt."

„Außer von denjenigen welche man in die Acht erklärt und mithin außerhalb des Menschenrechtes gestellt hat."

Der Missionair trat dazwischen.

„Meine Herren," sagte er in dem gewinnenden Tone der ihm eigen war, „es kann gegenwärtig zwischen Euch von keiner Feindschaft die Rede sein. Es handelt sich hier nur darum, daß ein Vater einen Ehrenmann um die Rückgabe seiner Tochter angeht, wozu sich Letzterer ohne Zweifel sofort verstehen wird."

„Es soll mich Gott bewahren, mein Vater, daß ich mir es beikommen lasse, die Tochter jenes Mannes mit Gewalt hier festzuhalten und wenn er mir auch noch tausend Mal feindlicher gesinnt wäre, als es bereits der Fall ist."

„Ich habe mich, wie Sie sehen General, in Hinsicht auf den Charakter des Herrn Grafen keineswegs getäuscht."

„Dona Angela ist allein und aus eigenem Antriebe in mein Lager gekommen. Sie wird hier mit der größten Achtung und Rücksicht behandelt, welche sie erwarten kann. Dona Angela ist frei nach Gutdünken zu handeln und ich maße mir keinerlei Einfluß über ihrem Willen an. Da ich sie ihrem Vater nicht entführt und auf keine Weise versucht habe, sie herzulocken, kann ich sie auch, wie der Herr zu erwarten scheint, nicht wieder ausliefern. Will sich Dona Angela wieder zu den Ihrigen begeben, so wird sie Niemand daran hindern; zieht sie es aber hingegen vor, sich unter meinen und meiner wackeren Cameraden Schutz zu stellen, so wird keine menschliche Gewalt im Stande sein, sie mir zu entreißen."

Er sprach die Worte in einem entschlossenen Tone, der seine Wirkung auf die Zuhörer nicht zu verfehlen schien.

„Was wir übrigens unter uns verhandeln, meine Herren, hat so lange keine Gültigkeit, bis sich Dona Angela selbst für das Eine oder Andere wird entschieden haben. Ich werde die Ehre haben, Sie zu ihr zu führen, theilen Sie ihr Ihr Verlangen mit und hören wir was sie beschließt. Ich erlaube mir nur noch zu bemerken, daß sowohl Sie als ich gehalten sind, uns ihrem Ausspruche, welcher er auch sei, zu fügen."

„Es sei, mein Herr," versetzte der General trocken „vielleicht ist es das Beste so."

„So folgen Sie mir," fuhr der Graf fort.

Er ging nach der Hütte voran, welche dem besondren Gebrauche des jungen Mädchens diente.

Dona Angela saß auf einer Butacca, Violanta ruhte zu ihren Füßen und beide waren mit Handarbeit beschäftigt. Als sie ihren Vater mit seinen Begleitern eintreten sah, bedeckten sich ihre Wangen mit einer tiefen Röthe, welche bald einer Todtenblässe wich. Es gelang ihr indessen ihre Bewegung zu bezwingen, sie stand auf, grüßte die Ankommenden schweigend und setzte sich wieder hin.

Der General betrachtete sie eine Zeit lang mit einer Mischung von Zorn und Zärtlichkeit; dann wandte er sich schnell zu dem Missionair und sagte in abgerissenem Tone:

"Reden Sie mit ihr, mein Vater, denn ich fühle, daß mir die Kraft dazu fehlt."

Das junge Mädchen lächelte trübe.

"Lieber Vater," sagte sie zu dem Missionair; "ich danke Ihnen für den überflüssigen Schritt, welchen Sie versuchen. Mein Entschluß ist gefaßt und zwar so unabänderlich, daß er durch nichts erschüttert werden kann. Ich werde nie zu den Meinigen zurückkehren."

"Unglückliches Kind!" rief der General schmerzlich aus, "welcher Grund hat Dich getrieben, mich also zu verlassen?"

"Ich erkenne Deine Güte und Zärtlichkeit für mich an, mein Vater," antwortete sie in schwermüthigem Tone. "Vielleicht ist eben Deine unbegrenzte Zärtlichkeit und die unumschränkte Freiheit, die Du mir stets gelassen hast, Schuld daran. Ich mache Dir keine Vorwürfe, denn mein Schicksal reißt mich hin und ich werde die Folgen meines Fehltrittes auf mich nehmen."

Der General runzelte die Brauen und stampfte zornig mit dem Fuße.

"Angela, meine geliebte Tochter," fuhr er bitter fort, "bedenke daß Du Deinen Ruf durch das Aufsehen, welches Deine Flucht macht, auf ewig vernichtest."

Ein verächtliches Lächeln schwebte um die bleichen Lippen des jungen Mädchens.

„Was kümmert es mich?" sagte sie, „die Welt, in der Du lebst, ist nicht mehr die meinige. Der Schauplatz meiner Freuden und Leiden wird fortan hier sein."

„Aber ich, Dein Vater! Hast Du mich vergessen und bin ich Dir nichts mehr?"

Das junge Mädchen zauderte; sie verstummte und schlug die Augen nieder.

„Fräulein," sagte der Missionair sanft, „Gott flucht den Kindern, die ihren Vater verlassen. Kehren Sie zu dem Ihrigen zurück, noch ist es Zeit. Er breitet die Arme nach Ihnen aus und ruft Sie zu sich. Kehren Sie um, mein Kind, das Herz eines Vaters ist ein unerschöpflicher Quell der Nachsicht. Der Ihrige wird Ihnen verzeihen, ja hat es bereits vielleicht gethan."

Dona Angela schüttelte ohne zu antworten verneinend den Kopf.

Der General und der Missionair sahen sich enttäuscht an.

Don Louis hielt sich etwas zurück, er stand mit gesenktem Kopfe, die Arme über der Brust gekreuzt, gedankenvoll da.

„Ach!" murmelte der General mit mühsam bekämpftem Zorne, „auf unserem Geschlechte ruht ein Fluch!"

In dem Augenblick richtete sich Louis auf und trat einige Schritte vor.

„Dona Angela," sagte er in tief bewegtem Tone, „sind Sie wirklich aus eignem und freiem Antriebe hierher gekommen?"

„Ja," antwortete sie fest.

„Sind Sie wirklich entschlossen, weder den Befehlen noch den Bitten Ihres Vaters Gehör zu schenken?"

„Ja," antwortete sie wieder.

„Sie entsagen also unbedingt und auf immer der Stellung und dem Vermögen, das Sie in der Welt besitzen?"

„Ja."

„Entsagen Sie gleichfalls dem Schutze Ihres Vaters, Ihres natürlichen Vormundes, der nach göttlichem und menschlichem Rechte die begründetsten Ansprüche an Sie hat, entsagen Sie auch seiner Liebe?"

„Ja," flüsterte sie leise.

„Es ist gut, jetzt ist die Reihe an mir." Er verneigte sich hierauf vor dem General und fuhr fort: „Mein Herr, welche bittre Feindschaft uns auch entzweien mag, muß, was auch geschehen möge, der Ruf Ihrer Tochter rein und ohne Makel bleiben."

„Wenn das der Fall sein sollte," antwortete der General bitter, „müßte sich Jemand bereit erklären sie zu heirathen."

„Ja. Wohlan, ich der Graf de Prébois-Crancé, habe die Ehre Sie um die Hand Ihrer Tochter zu bitten."

Der General prallte überrascht zurück.

„Ist es im Ernste, daß Sie mich darum bitten?" sagte er.

„Ja."

„Bedenken Sie, daß, indem ich Ihnen danke, Sie sich dazu bereit erklärt haben, daraus nur ein neuer Grund zur Feindseligkeit gegen Sie entspringt."

„Es sei."

„Bedenken Sie, daß jene Heirath meine Absichten in Bezug auf Sie in keiner Weise ändern wird."

„Das gilt mir gleich."

„Trotzdem bestehen Sie darauf, ihr Ihren Namen zu geben?"

„Ja."

„Gut, in vier Tagen sollen Sie meine Antwort haben."

„Dann bitte ich nach la Magdalena zu schicken."

„Nach la Magdalena also." Der General wandte sich hierauf zu seiner Tochter: „ich fluche Dir nicht," sagte er, „denn selbst Gott kann den väterlichen Fluch nicht von dem Haupte des Kindes nehmen. Lebe wohl, sei glücklich."

Er entfernte sich hastig, begleitet von dem Missionair.

„Mein Vater," sagte der Graf; „ich rechne in la Magdalena auf Ihre Gegenwart."

„Ich werde mich einfinden, mein Herr," antwortete Pater Seraphin im schwermüthigem Tone, „denn ich sehe voraus, daß es Thränen zu trocknen geben wird."

„Auf Wiedersehen, mein Herr," sagte der General.

„Auf Wiedersehen," antwortete der Graf mit einer Verbeugung.

Der General und der Missionair stiegen auf ihre Pferde und entfernten sich, begleitet von einer starken Abtheilung Abenteurer, die beauftragt waren, sie sicher durch die Vorposten und Wachen der französischen Compagnie zu geleiten.

Der Graf blickte ihnen lange sinnend nach und kehrte dann langsam in seine Wohnung zurück.

Ende des ersten Bandes.

Druck von Ernst Stürke, (Firma: E. Schumann) in Schneeberg.

www.ingramcontent.com/pod-product-compliance
Lightning Source LLC
Chambersburg PA
CBHW032150160426
43197CB00008B/855